Mit Illustrationen
von Barbara Korthues

Emer O'Sullivan
Dietmar Rösler

Watch out – da sind sie

Ein deutsch-englischer
Kinderkrimi

Rowohlt Taschenbuch Verlag

Originalausgabe

Veröffentlicht im Rowohlt Taschenbuch Verlag,
Reinbek bei Hamburg, November 2005
Copyright © 2005 by Rowohlt Verlag GmbH,
Reinbek bei Hamburg
Lektorat Christiane Steen
Umschlag- und Innenillustrationen Barbara Korthues
Umschlaggestaltung any.way, Andreas Pufal
rotfuchs-Comic Jan P. Schniebel
Alle Rechte vorbehalten
Satz aus der Excelsior PostScript, QuarkXPress 4.11
bei KCS GmbH, Buchholz in der Nordheide
Druck und Bindung C.H.Beck, Nördlingen
Printed in Germany
ISBN 13: 978 3 499 21282 6
ISBN 10: 3 499 21282-X

Watch out – da sind sie

Who's who

Henrietta Becker, Schülerin aus Frankfurt. Tochter von Susanne, ältere Schwester von Alexander. Ist gespannt auf den Urlaub in Irland mit dem neuen Freund ihrer Mutter. Will dort gleich ihr gerade gelerntes Englisch ausprobieren.

Alexander Becker, Schüler aus Frankfurt. Sohn von Susanne, jüngerer Bruder von Henrietta. Hat nichts gegen einen Urlaub in Irland, solange ihn niemand ins Wasser jagt. Am Anfang langweilt ihn eine Schnitzeljagd, aber bald steckt er mittendrin in der Suche nach Mother Hubbard.

Susanne Becker, Übersetzerin aus Frankfurt. Mutter von Henrietta und Alexander. Frisch geschieden. Macht mit den Kindern und dem neuen Freund Paul gemeinsam Urlaub in dessen Heimat Irland.

Paul Cassidy, Banker aus Dublin. Ledig, keine Kinder. Arbeitet zu viel. Seit einigen Monaten mit Susanne Becker befreundet. Will Deutsch lernen. Aber was hat er mit Mother Hubbard zu tun?

Clare und Justin O'Brien, Nichte und Neffe von Paul. Haben in der Schule gerade angefangen, Deutsch zu lernen. Verbringen die Sommerferien jedes Jahr mit ihrer Mutter, Pauls Schwester Veronica, an der irischen Westküste in einem Ort namens Enniscrone. Haben zuerst einen «tierischen» Streit mit Henrietta und Alexander.

Und dann sind da noch der blonde Raucher, der elegante Grauhaarige, der Mann mit dem Rucksack, die zierliche Frau und der schlanke Mann mit dem Schnurrbart. Und Einwohner und Touristen in Enniscrone. Und immer wieder die rätselhafte Mother Hubbard.

1
Vom Kühlschrank zum Schuh – all in one clue

«Haben ihr fruhgestucken?»

Henrietta und Alexander lachten. «Gefrühstückt», verbesserte Henrietta.

«*Gefruhstucket*, then», knurrte Paul Cassidy, «difficult German language. Did you have breakfast?»

Alexander schüttelte den Kopf.

«Susanne und ich gehen Sand, ihr ...», Paul suchte nach Worten, «ihr ... äh, you have to eat your *Fruhstuck* without us, is that o.k.?»

Aha, dachte Henrietta, die wollen mal allein sein. «Klar», antwortete sie, «that's o.k., we have breakfast and you go to the beach. That's *Strand* in German, not *Sand*.»

«Thank you, *Frau Lehrerin*», bedankte sich Paul und rief: «Susanne, are you ready?»

«I'm on my way.» Henrietta und Alexanders Mutter kam gerade aus dem Schlafzimmer. «Morgen, Kinder, ihr kommt eine Stunde ohne uns klar, oder?», sagte sie und strich Alexander durchs Haar. «Paul und ich wollen ein bisschen am Strand spazieren gehen.» Henrietta nickte und sagte zu Paul: «Have fun.»

«Danke, young lady», antwortete der, «your English is getting better every day.» Er legte seinen Arm um Susannes Schulter und zog sie sanft in Richtung Tür.

«Have fun, have fun», äffte Alexander Henrietta nach, während er sich eine Tasse halb voll mit Kakaopulver füllte, das er mit Milch anrührte, «tu bloß nicht so, als ob du Englisch kannst.»

«Kann ich doch», antwortete Henrietta, «Paul versteht mich.»

«Der soll Deutsch lernen», konterte Alexander, «wenn er zu uns gehören will, soll er Deutsch sprechen können.» Henrietta holte Cornflakes aus dem Küchenschrank. An der Packung klebte ein bedruckter Zettel:

CLUE IN A COLD CLIMATE

«He, kuck mal, Alex», rief sie, «was soll das denn hier heißen? Und wo kommt dieser Zettel her?»

Alexander sah durch das große Fenster in Richtung Strand. Da liefen seine Mutter und ihr neuer Freund Arm in Arm am Wasser entlang. Ein Liebespaar. Alexander seufzte.

Ein leichter Wind fegte die helle Oberfläche des Sandes in Richtung Meer, eine dünne Schicht, die fast aussah wie Nebel. Heute war ihr dritter Tag in Enniscrone, und Alexander wunderte sich immer noch, wie wenig Leute am langen Sandstrand zu sehen waren. Verglichen mit dem auf Teneriffa, wo sie im letzten Jahr Urlaub gemacht hatten, war er fast leer. Dort hatte es durchgehend Sonne gegeben, hier wechselte das Wetter ständig – mal Sonne, mal Regen. Paul sagte zwar dauernd: «You are very lucky, this is fantastic for an Irish summer», aber die Temperatur stieg nie über 22 Grad.

Henrietta hatte inzwischen das Wörterbuch aufgeschlagen. *Cold climate* war sicher kaltes Klima oder kaltes Wetter oder so, aber was war *clue*? Keine Ahnung. Sie blätterte: *clean, clothes, clue.*

> *Clue:* Stichwort, Hinweis. *Not to have a clue:* Keine Ahnung haben.

Klasse, dachte sie, ich hatte keinen *clue* von *clue*. Also, CLUE IN A COLD CLIMATE ist ein Hinweis in einem kalten Klima.

«Ob das eine Schnitzeljagd sein soll?», fragte sie ihren Bruder.

«Wieso Schnitzeljagd?», fragte Alexander zurück.

«Mama will sicher mal mit Paul allein sein», antwortete Henrietta, «die letzten Tage haben wir ja alles zu viert gemacht.»

«Na gut, tun wir ihnen den Gefallen», Alexander klang wenig begeistert, «und wo ist es hier kalt?»

Henriettas Blick fiel auf den Küchentisch, auf den Alexander die Milchtüte gestellt hatte. Die kam aus dem Kühlschrank. Klar, im Kühlschrank herrschte kaltes Klima. Schnell ging sie hinüber und riss die Tür zum Kühlschrank auf. Da hing am oberen Fach unübersehbar ein Zettel. «Mensch, Alex, bist du blind? Wie kann man bloß die Milchtüte rausholen, ohne einen so großen Zettel zu sehen!»

«Witzig», maulte Alexander, «wer rechnet denn mit einer Schnitzeljagd vor dem Frühstück?» Er sah zum Fenster hinaus. Seine Mutter und Paul waren inzwischen schon ein ganzes Stück vorangekommen, aber immer noch dehnte sich der Strand endlos vor ihnen aus. Außer den beiden war kaum jemand unterwegs. Henrietta hatte inzwischen den Zettel auf dem Tisch ausgebreitet:

There was an old woman who lived in a shoe
Und wenn ihr gradaus geht, dann seht ihr den «clue».

«Ich weiß, ich weiß», war Alexander plötzlich voll dabei, «das haben wir bei Frau Schulze gemacht, wie ging das nochmal ...

There was an old woman who lived in a shoe,
She had so many children she didn't know
what to do.
So she gave them – »

«Schon gut, schon gut», unterbrach Henrietta, «*nursery rhymes* haben wir auch gelernt. Aber wo ist da draußen ein Schuh?» Geradeaus bedeutete bestimmt den Strand entlang. In der Ferne waren gerade noch ihre Mutter und Paul zu erkennen, aber kein Schuh, in dem eine alte Frau wohnen konnte. Und erst recht keine mit vielen Kindern. Eigentlich gab es da überhaupt nichts, was wie ein Schuh aussah. Alexander löffelte schnell seinen Kakaomilchbrei aus, während Henrietta ein paar Cornflakes mit Milch wegputzte. Dann gingen sie zum Strand hinunter.

An old woman who lived in a shoe – was sollte man da suchen? Eine alte Frau? Einen Schuh? Ein Haus, das aussah wie ein Schuh? Henrietta und Alexander liefen am Strand entlang. Rechts die Wellen, zu ihrer linken Seite die grasbewachsenen Dünen. Die waren in Dorfnähe noch recht klein, je weiter man von den Häusern wegging, desto höher wurden sie. «Ob der *old woman's shoe* in den Dünen ist?», fragte Henrietta.

«Der *clue* sollte geradeaus sein», antwortete Alexander, «die Dünen sind links. Aber wie weit geradeaus ist geradeaus?»

«Vielleicht hat es was mit dem Campingplatz dahinten zu tun», meinte Henrietta, «kannst du dir einen Wohnwagen vorstellen, der wie ein Schuh aussieht?»

Alexander überlegte und schüttelte den Kopf. Er sah den Strand entlang. Seine Mutter und Paul waren nicht mehr zu sehen. Die mussten sich irgendwo beim Campingplatz in die Dünen geschlagen haben.

Kurz vor der Hütte der Rettungsschwimmer zog sich ein kleiner Fluss durch den Sand, den sie überqueren mussten. Auf der anderen Seite parkten drei Autos mitten auf dem Strand. «‹An old woman who lived in a car› hätten wir leicht gefunden.» Alexander deutete in Richtung einer Familie mit vielen Kindern, die sich neben ihrem Auto ausbreitete: Das Auto diente zugleich als Windschutz, fahrender Kleiderschrank und Verpflegungswagen. Sein Blick schweifte zur Hütte der Rettungsschwimmer. Eine rot-gelbe Flagge wehte im Wind, sie zeigte an, dass das Baden sicher war und dass die Rettungsschwimmer Dienst taten. Die Sonne brach durch die Wolken. Alexander kniff die Augen zusammen und sah plötzlich, was gemeint war: «Ich hab's», rief er, «Hetti! Da. Der Schuh!»

Henrietta hatte keine Ahnung, was ihr Bruder meinte. «Wo denn?»

«Na, da, wo die Rettungsschwimmer sind.»

Henrietta schaute hinüber. Die ‹Beach Guard's Hut› sah in der Tat nicht wie eine Hütte aus, eher wie eine Kreuzung aus Baracke und Aussichtsturm. Dort oben standen die Rettungsschwimmer mit ihren Ferngläsern und hielten Ausschau. «Das soll wie eine Schuh aussehen?» Henrietta war nicht überzeugt.

«Ja doch, wie ein Stiefel. Kneif die Augen ein bisschen zu», rief Alexander ungeduldig. Henrietta verkleinerte ihre Augen zu Schlitzen. Tatsächlich. Der Aussichtsturm wirkte wie ein kurzer Schaft eines Stie-

fels über einem langen Fußteil, der Baracke. «Toll, Alex!» Sie liefen zum ‹Schuh›. Eine eiserne Treppe führte hinauf zur Aussichtsplattform.

Ein junger Mann in Schwimmhose und Trainingsjacke stand oben und sagte freundlich: «Hi there. How are you?»

«Äh, fine, thank you», stammelte Alexander, «can we come up?»

«Sorry, no», sagte der junge Mann und wies auf ein Schild: *Unauthorized entry strictly forbidden.* Sicher irgendein Verbotsschild, dachte Alexander, auch wenn er nicht verstand, was da genau verboten war. Wahrscheinlich «Eintritt verboten», *entry* sieht so aus wie *Eintritt*. Unten gab es neben der Treppe eine Art Garagentür. Henrietta wollte den Rettungsschwimmer gerade fragen, was sich hinter ihr befand, als sie einen weißen Umschlag bemerkte, der an der Tür klebte. «AH» stand darauf – das konnte doch nur Alexander und Henrietta bedeuten! Sie hatten also den richtigen Schuh gefunden. Henrietta riss den Umschlag ab und machte ihn schnell auf.

Ein neuer Zettel lag darin:

Tom, Tom, the piper's son,
Stole a pig and away he ran
Das Schwein mag Guinness,
Man sieht's ihm an.

2
Bier und Schwein – dieser *clue* ist gemein

«Tom, Tom, the piper's son, stole a pig and away he ran», Alexander kratzte sich am Kopf, «was soll das denn heißen? Kennst du das?»

«Nee. Tom, der Sohn von *piper*, hat ein Schwein gestohlen», antwortete Henrietta, «aber wer ist *piper*?»

«Keine Ahnung», Alexander kickte ein Bündel Seetang, das vor ihm im Sand lag, «schnelles Ende der Schnitzeljagd, was?»

«Wir haben ein Haus als Schuh gefunden, dann finden wir auch einen Schweinedieb», antwortete Henrietta, aber so richtig überzeugt war sie nicht. Sie hob eine Muschel auf, cremefarben und glänzend. «Kuck mal, wie glatt die ist.»

«Halt sie doch ans Ohr, vielleicht sagt sie dir, wer der *piper* ist», lästerte Alexander, «oder wo Tom steckt.»

«Sehr witzig!» Henrietta wollte ihren kleinen Bruder gerade mit einem Stück Seetang bewerfen, als ihr eine Idee kam. «Das ist es vielleicht. Was interessiert uns der *piper*, vielleicht suchen wir ja einen *Tom*.»

«Oder ein Schwein», warf Alexander ein, «oder vielleicht ein Schwein, das Tom heißt.»

Henrietta lachte: «Oder einen Schlachter Tom. Der hat jemandem ein Schwein geklaut. Komm, wir suchen *butcher* Tom.»

«Und der trinkt Guinness», ergänzte Alexander. Wie Paul, dachte er. Alexander hatte das schwarze Bier mit dem cremefarbenen Schaum probiert und gleich wieder ausgespuckt, so bitter schmeckte das. «Also fragen wir jetzt die Leute ‹Hallo, where is a butcher for pigs? He drinks black beer›.»

Henrietta sah auf den Zettel: «Eigentlich brauchen wir sogar ein Schwein, das gern Bier trinkt, aber vielleicht sollten wir erst mal *butcher* Tom suchen.»

«Oder eine Kneipe, die *The Guinness Pig* heißt», überlegte Alexander weiter, «vielleicht trinken in Irland ja auch die Schweine Guinness.»

«Und was ist mit ‹Man sieht's ihm an›?», nahm Henrietta die Idee auf. «Vielleicht hat die Kneipe ein Schild mit einem Schwein mit einem Bierglas in der Pfote.» Sie verließen den Strand und gingen zur Dorfstraße hinauf. Egal ob Kneipe oder *butcher* Tom, am Strand würden sie das Rätsel sicher nicht lösen können. Über den Türen vieler Häuser flatterten schwarz-weiße Fahnen im Wind. Die haben sicher nichts mit unserem *clue* zu tun, dachte Henrietta, obwohl ... Auf dem schwarzen Guinness war ja weißer Schaum. Ob das ... Henrietta verwarf den Gedanken wieder. Erst mal *butcher* Tom suchen, eins nach dem anderen, wie ihr Vater ihr immer sagte, wenn sie alles auf einmal machen wollte.

Auf der Dorfstraße bogen sie nach rechts ab und kamen bald zu einem Schlachter. Über dem Fenster stand «Sweeney's». «Nix *butcher* Tom», sagte Alexander enttäuscht.

«Wieso, Sweeney ist ja nur der Nachname, vielleicht heißt er ja mit Vornamen Tom.»

«Als Schlachter sollte er doch besser *Schweiney* heißen, oder?» Alex kicherte laut vor sich hin, während sie durch die große Fensterscheibe schauten. Und nun?

«Wir müssen da rein», beschloss Henrietta und zog ihren noch kichernden Bruder hinter sich her. Im Laden wussten sie nicht so recht, was sie machen sollten, glücklicherweise bediente der Schlachter noch eine Kundin. Er schien viel Zeit zu haben, denn die beiden redeten ausgiebig miteinander. Henrietta und Alexander betrachteten die Auslagen: *beef, lamb, pork, poultry* stand da geschrieben. Was das wohl auf Deutsch hieß? *Poultry* war wohl Geflügel, das konnte man an den Hähnchen in der Auslage erkennen, aber der Rest? *Lamb* war vielleicht Lamm. Lauter rote und rosafarbene Fleischstücke. Und vor ihnen Schilder wie *legs, shoulders, steaks, hearts*.

«Sind das wirklich Herzen?», fragte Henrietta. «Igitt.»

«Schau mal, Hetti», sagte Alexander, «da sind Schnitzel.» Er zeigte auf das Fleisch neben dem Schild *pork cutlet*. «Unsere Schnitzeljagd hat uns zu Schnitzeln geführt.» Er fing wieder an zu kichern.

Mit halbem Ohr hörte Henrietta, wie die Kundin und der Schlachter sich unterhielten, aber sie verstand wenig, die Frau redete sehr schnell. *Big car* und *security firm* hörte sie und so was Ähnliches wie *Menschen at the end of the road.* War *Menschen* auch ein englisches Wort, fragte sie sich.

«Hi, kids, can I help you?», fragte plötzlich eine junge Frau, die aus dem Lager in den Verkaufsraum getreten war.

Henrietta und Alexander hatten sie gar nicht kommen sehen, so vertieft waren sie in ihre Suche nach dem Bierschwein in der Auslage gewesen. «Äh, thank you, no», flüsterte Alexander und zerrte seine Schwester zum Ausgang.

Henrietta hielt ihn zurück. «Yes», antwortete sie mutig, «we need pig with Guinness.»

Die Verkäuferin lachte. «Guinness is over there.» Sie deutete auf die andere Straßenseite, wo sich eine Kneipe mit dem Namen Fitzgerald's befand. «But we can give you a bit of a pig. We call it pork. A pig is the live animal, pork is dead meat.» Sie zeigte auf die Fleischstücke in ihrer Auslage: «Would you like chops or a filet or maybe a cutlet?» Mit dieser Frage hatten Henrietta und Alexander überhaupt nicht gerechnet.

Sie mussten wohl ein ziemlich dummes Gesicht gemacht haben, denn die Verkäuferin lachte schon wieder. Aber es war ein sehr freundliches Lachen, kein Auslachen.

«You're not from Ireland, are you?», fragte sie.

«No, from Germany», antwortete Henrietta.

«Germany, I see. Are you here on holidays?»

«Yes, we are in the house ...» Henrietta zeigte in Richtung Strand. *Dahinten*, was hieß denn *dahinten* auf Englisch? Hilfe, das war das erste Mal, dass sie ohne ihre Mutter und Paul alleine Englisch reden musste. Sie fuchtelte mit den Armen. «Over there, left», brachte sie schließlich heraus.

«Down the road there to the beach, you mean», half die Verkäuferin, «in the new apartments?»

Henrietta nickte. Wow, die hatte sie verstanden.

«And does your mother want to cook pork with Guinness?», wollte die Verkäuferin weiter wissen.

«No», antwortete Henrietta und freute sich, dass sie das alles gleich verstanden hatte. «No, I ...» O Gott, wie sollte sie denn jetzt erklären, warum sie ein Schwein mit Bier suchten. Das hätte ja schon auf Deutsch völlig verrückt geklungen, aber auf Englisch, da ging gar nichts.

«It is a game», hörte sie überraschenderweise ihren Bruder sagen.

«Yes, a game», nahm sie die Hilfe auf, «we must find a pig and Guinness, not pork.» Die Verkäuferin sah sie verwirrt an.

Mr. Sweeney, der inzwischen seine Kundin verabschiedet hatte und nun die Koteletts in der Auslage auffüllte, mischte sich ein: «A pig and the black stuff, as we call it? Well, well, let me think.» Er dachte einen Moment nach, dann huschte ein Lächeln über sein Gesicht. «Wait now, pig and the black stuff, pig and black ... You're nearly there, you know, just walk down the road a bit and then you'll see it.»

Jetzt lachte auch die Verkäuferin: «Of course!» Sie ging zur Tür und zeigte die Straße hinunter. «Just there, at the next corner.»

Henrietta und Alexander liefen die Straße hinunter. Sie wussten zwar nicht, was sie erwarten würde, aber anscheinend hatte der Schlachter eine Idee gehabt. Sie hatten ihn nicht so richtig verstanden, aber doch so viel, dass sie die Straße in die richtige Richtung gingen. Sie drehten sich um. Die Verkäuferin stand noch in der Tür und winkte ihnen zu.

«Da!», rief Alexander plötzlich, packte seine Schwester am Arm und zeigte auf zwei Kinder.

«Was ist denn mit denen?», fragte Henrietta. «Die trinken doch bestimmt kein Guinness.»

«Sehr witzig. Und wo sitzen die?»

Tatsächlich, ein Junge und ein Mädchen saßen nebeneinander auf einem großen schwarzen Schwein – nicht auf einem lebendigen, sondern auf einem aus Gips, das ganz schwarz angemalt war. Alexander und Henrietta blieben vor dem Schwein stehen und starrten es an. «Klar», stimmte Henrietta zu, «das ist es.»

Zuerst taten die Kinder auf dem Schwein so, als ob Henrietta und Alexander Luft wären, aber als die wie angewurzelt stehen blieben, fragte das Mädchen, das etwa so alt war wie Henrietta: «What are you staring at?»

Henrietta schaute Alexander fragend an. Ob das so was wie «anstarren» bedeutete? «Äh, the pig», stammelte sie und hoffte, dass sie die Frage richtig verstanden hatte.

«O.k., it's a pig. And what do you want now?», hakte der Junge nach.

Wieder sahen sich Henrietta und Alexander kurz an. «We want to look at the pig», versuchte diesmal Alexander eine Antwort. Bescheuert, dachte er, wenn ich zu Hause sagen würde, dass ich mir gerne große Gipsschweine ansehe, würden die mich glatt einsperren. Aber mehr schaffte er nicht auf Englisch.

Die beiden Kinder auf dem Schwein lachten laut. «Hey», rief das Mädchen, «they're foreigners. Tourists!» Es schaute Henrietta direkt in die Augen. «Tourists look at the beach in Enniscrone, not at a stupid black pig on the main street.»

Henrietta und Alexander waren viel zu aufgeregt, um jedes Wort zu verstehen, aber offensichtlich wollten die, dass sie verschwanden. Von wegen. Nicht so kurz vor dem Ziel. Irgendwo auf, im, am oder unter dem Schwein war bestimmt noch ein *clue*. Also mussten sie ans Schwein ran, und zwar allein.

«We like pigs», verkündete Henrietta, auch wenn sie sich dabei vollkommen bekloppt vorkam. Die beiden

Kinder starrten sie an, der Junge verschränkte die Arme vor seiner Brust. Henrietta und Alexander starrten zurück. Einen Moment sah es so aus, als ob sie aufeinander losgehen würden. Doch dann sprang der Junge vom Schwein herunter und zog das Mädchen mit.

«Come on, sis», sagte er, «let's leave these crazy pig-lovers alone.»

Henrietta und Alexander warteten, bis die beiden außer Sichweite waren, dann stürzten sie sich auf das Schwein. Hatten die anderen Kinder den nächsten *clue* vielleicht schon entdeckt und mitgenommen? Es war ein ziemlich massives Schwein, das sie absuchen mussten, aber schließlich, an seinen Unterbauch geklebt, fanden sie den weißen Umschlag. Henrietta riss ihn auf. Was wohl nach alten Frauen in Schuhen und schwarzen Schweinen als Nächstes kommen würde? Aber diesmal gab es keinen *clue*. Auf dem Zettel stand gedruckt:

> AH found the schwarzes Schwein
> Now, at last, it's fun time.

Dabei lag ein Gutschein über zehn Euro für Leisureland, das große Freizeitcenter in den Dünen.

Als sie in die Ferienwohnung zurückkamen, standen Paul und Susanne in der Küche und bereiteten das Mittagessen vor. «Na, Schwein gehabt?», begrüßte sie ihre Mutter lächelnd.

3
Mother Hubbard – was hat sie im *cupboard*?

«*Our pig is taking us to Leisureland, get out of the way!*», schrie das Mädchen. Das schwarze Schwein galoppierte los, der Junge saß hintendrauf, hielt mit einer Hand das Mädchen fest, mit der anderen einen Riesengutschein. «*Look what we found!*», brüllte er mit einem fiesen Grinsen. «Das ist unser Gutschein, gebt ihn wieder her», schrie Henrietta wütend und lief, so schnell sie konnte, hinterher, «gebt ihn wieder her, sonst könnt ihr was erleben!» Das Schwein raste die Dorfstraße entlang und hob ab. «*Pigs can fly, pigs can fly*», jauchzte das Mädchen in der Luft. Henrietta musste die Verfolgung aufgeben. «Blödes Schwein», keuchte sie.

«Wer ist ein blödes Schwein?», fragte Alexander, der ins Zimmer seiner Schwester gekommen war, um sie zu wecken. «Du hast im Schlaf gesprochen. Du würdest eine ganz schlechte Spionin abgeben, weil du keine Geheimnisse für dich behalten könntest.»

«Ist sowieso nicht mein Traumjob», grummelte Henrietta, «lass mich noch ein bisschen schlafen.»

Aber Alexander zog ihr die Bettdecke weg. «Aufstehen. Gutschein einlösen.»

«Good morning», begrüßte ihn Paul fröhlich, als Alexander aus dem Schlafzimmer herauskam, «Susanne and I are going for a swim. Do you want to come, too?» Alexander blinzelte in die Sonne, die durch das große Panoramafenster ins Wohnzimmer strahlte.

«Morgen, Alex», sagte seine Mutter, die gerade aus dem Badezimmer trat. Über dem Badeanzug trug sie einen dicken Bademantel.

«You don't need that, love», lachte Paul, «the sun is shining, it's hot, a perfect Irish summer.»

«Hot for an Irish summer», antwortete sie, mit der Betonung auf *Irish*. «Continentals like us need more sunshine.» Sie legte ihren Arm um Alexanders Schulter und lächelte ihrem Sohn verschwörerisch zu: «Nicht wahr, richtig heiß ist bei uns was anderes, aber dafür erlebt man hier manchmal morgens eine kühle Überraschung.»

Henrietta kam aus ihrem Zimmer und rieb sich den Schlaf aus den Augen. Susanne wandte sich an die beiden: «Paul und ich sind schon ‹ready for the beach›. Kommt ihr nach? Oder habt ihr was anderes vor?»

Die beiden sahen sich an. «Geht schon», antwortete Henrietta, «vielleicht kommen wir nach.»

Sobald Susanne und Paul die Wohnung verlassen hatten, machten sich Henrietta und Alexander auf die Suche. Als Erstes ging Alexander zum Kühlschrank. Dabei sagte er einen der *nursery rhymes* auf, die er bei Frau Schulze im letzten Jahr gelernt hatte.

> «Old Mother Hubbard
> Went to the cupboard
> To fetch her poor dog a bone;
> But when she got there
> The cupboard was bare
> And so the poor dog had none.»

Der Kühlschrank war zwar kein richtiger Schrank, hatte aber gestern trotzdem zur Schnitzeljagd geführt. «Kein *clue*», stellte er enttäuscht fest, nachdem er einen Blick hineingeworfen hatte, «aber die wollen uns sicher wieder loswerden und auf die Suche schicken, sonst wären sie nicht so früh los. ‹Aber dafür erlebt man hier manchmal morgens eine kühle Überraschung›», imitierte er seine Mutter, «das war doch eindeutig ein Hinweis, oder?»

«Klar war es das», stimmte ihm seine Schwester zu, «aber der *clue* ist bestimmt nicht wieder an derselben Stelle.» Henrietta ging zum Badezimmer.

> «Mirror, mirror on the wall,
> who is the fairest one of all»,

sagte sie auf, während sie prüfte, ob ihre Mutter im Badezimmer etwas auf den Spiegel geschrieben oder an die Zahnbürsten gehängt hatte. Das war zwar kein *nursery rhyme*, sondern der Spruch der bösen Königin aus Schneewittchen zu ihrem Spieglein an der Wand, doch dafür passte er zum Badezimmer. Aber auch Henrietta fand nichts.

«Hickory, dickory, dock,
The mouse ran up the clock.
The clock struck one,
The mouse ran down,
Hickory, dickory, dock»,

erinnerte sich Alexander, während er die Wanduhr umdrehte und vorsichtshalber auch hinter dem Videorecorder nachschaute, denn der hatte schließlich ebenfalls eine Uhr. Auch nichts.

Henrietta versuchte es im Geschirrspüler. Wieder nichts. Kein *clue*. Die beiden sahen sich enttäuscht an. Waren sie zu dumm, oder hatten sie sich nur eingebildet, dass es eine neue Suche geben würde? «Manchmal morgens» musste ja nicht jeden Morgen bedeuten.

Sie frühstückten, sahen zum Meer hinaus, wo Susanne und Paul schwammen, und beschlossen, erst einmal ihren Gutschein einzulösen.

Als Henrietta und Alexander die Tür des Freizeitcenters aufmachten, klang es so, als ob hundert Handys mit den verrücktesten Tönen gleichzeitig klingelten. Überall standen Geräte – Videospiele, Simulationsspiele, Maschinen, die laut vor sich hin summten, Lieder abspielten, klirrten, ballerten oder metallene Klänge von sich gaben. Bildschirme blinkten, auf denen Ausschnitte aus verschiedenen Abenteuern zu sehen und zu hören waren. *Jungle King* zeigte einen modernen Tarzan, ein Gepard sprang ihn gerade an und erstarrte im Flug. Wenn man selber Tarzan spielen wollte, verkündete eine tiefe Männerstimme, müsste man ein paar Euros einwerfen. Zwei größere Jungen standen an einem Gerät, auf dem in silbernen Buchstaben *Missile Command* stand und fliegende Raketen abgebildet waren. Jeder hielt einen Joystick in der Hand, den sie wild hin und her schoben, wobei sie immer wieder «got ya» schrien. Komisch, dachte Alexander, in Deutschland hätten er und Henrietta in so einen Laden sicher nicht hineingedurft. Aber hier spielten viele andere Kinder in ihrem Alter.

Henrietta schaute fasziniert zu, wie zwei Mädchen auf einer Plattform vor einem Bildschirm tanzten. Je wilder sie sich bewegten, desto bunter wurden die Farben auf dem Bildschirm. Offensichtlich lösten ihre Bewegungen die Veränderungen dort aus. Mitten im Raum befand sich ein riesiger Glaskasten, der sich *waterfall* nannte. In ihm bewegten sich kleine Flächen, die wie Stufen übereinander angeordnet waren, vor und zurück. Alle diese Flächen waren brechend voll mit Haufen von 50-Cent-Münzen. Man musste eine Münze durch einen Schlitz auf die oberste Fläche rollen. Wenn sie hinter und nicht auf den Haufen fiel, wurde der Münzenberg bei der nächsten Rückwärtsbewegung der Fläche noch näher an den Rand geschoben, und einige vorn liegende Münzen fielen auf die nächsttiefere Ebene. Die sorgten dann dafür, dass auch auf dieser

Ebene die Münzen, die verlockend weit vorn herausragten, einen Schubs bekamen und auf die dritte, unterste Ebene herunterfielen. Und die Münzen, die von dieser Ebene runtergeschoben wurden, fielen in eine Münzausgabe, die hatte man gewonnen. Alexander blieb fasziniert stehen. «Kuck mal, Hetti, wie viel Geld da am Rand hängt. Das müsste jede Sekunde runterfallen. Das spiele ich gleich. Und gewinne.»

Schnell gingen sie zum Geldwechsel-Schalter, um ihren Gutschein einzutauschen. «How do you want it?», fragte die Frau schnell. Henrietta und Alexander verstanden sie nicht. «How do you want it?», wiederholte sie. «50 cents, one euro or two euro coins?» Aha, jetzt war klar, was sie wollte.

«Äh, one euro coins, please», sagte Henrietta, die den Geldeinwurfschlitz der Tanzmaschine inspiziert hatte.

«And 50 cents», ergänzte Alexander, der an den Münzschieber dachte, «five one euro coins and ten fifty cents please.» Alexander freute sich, dass er das *please* nicht vergessen hatte. Immer *please* zu sagen hatte Frau Schulze ihnen eingetrichtert.

«You can play the machines here.» Die Frau zeigte auf einige der Videospiele, den *waterfall* und einen Glaskasten voller kleiner Plüschtiere, die man mit einem Kran herausholen konnte. «The ones back there are for over 18s only.» Aha, der zweite Raum war also nur für Erwachsene, da durften sie nicht hinein.

Während Henrietta darauf wartete, dass die Tanzmaschine frei wurde, fütterte Alexander den Münzschieber. Fünf 50-Cent-Münzen hatte er schon eingeworfen, die Münzberge der beiden oberen Ebenen hatten auch schon ein paar Münzen weitergeleitet, aber von der dritten Fläche war noch nichts runtergefallen. «Gibt's doch gar nicht», schimpfte er, «die müssen doch kippen.» Seine sechste Münze landete gut, die oberste Ebene war vorn.

Als sie zurückfuhr, fielen vier Münzen runter, ebenfalls vier auf der zweiten, und – endlich – spuckte das Gerät zwei Münzen von der letzten Ebene aus.

Als er sich bückte, um seinen Gewinn aus dem Geldschlitz zu holen, bemerkte er auf dem Boden einen Zettel, auf dem mit der Hand geschrieben stand:

AH, Mother Hubbard's, 23 August, 17.00

Er hob ihn auf. «AH» – wie bei dem Zettel am Bauch des schwarzen Schweins. AH, das bedeutete sicher wieder Alexander und Henrietta. Er ging zu Henrietta hinüber.

«Kuck mal, hier ist doch ein *clue*», sagte er, «bloß diesmal nicht in der Wohnung ...»

«Komisch», warf Henrietta ein, «woher wussten denn Mama und Paul, dass wir heute Vormittag ins Leisureland gehen würden? Das war doch ziemlich riskant, den einfach hier herumliegen zu lassen, oder? Jeder hätte ihn mitnehmen können.»

Alexander nickte und blickte noch einmal auf den Zettel: «Und gedruckt ist er diesmal auch nicht.»

Henrietta runzelte die Stirn. «Aber wer könnte denn sonst damit gemeint sein?» Mother Hubbard, das war klar, war schon wieder ein *nursery rhyme*. Ein *nursery rhyme* für jemand anders, der auch mit AH abgekürzt werden konnte? Und sich gerade im Leisureland aufhielt? Das wären zu viele Zufälle auf einmal. Aber was war mit dem Datum? Der 23. August war der Tag ihrer Rückfahrt nach Dublin in fünf Tagen.

«Die *clues* werden halt schwieriger», sagte Alexander, der überzeugt davon war, dass der Zettel für sie bestimmt war, «und wo fangen wir mit diesem an?» Gedankenverloren drehte er den Zettel zwischen seinen Fingern hin und her.

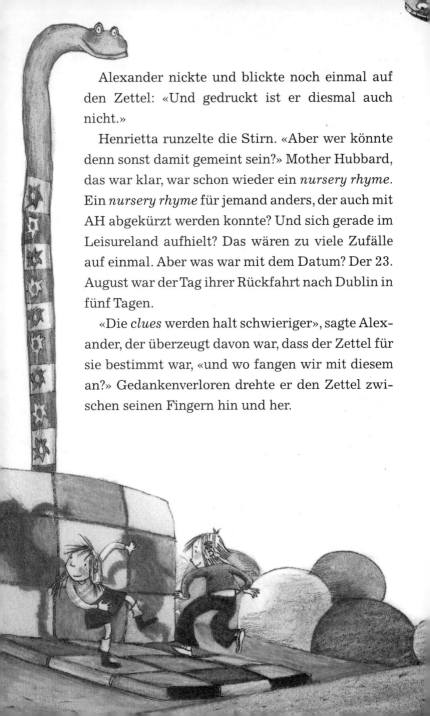

«Halt», rief Henrietta, «da steht noch was auf der Rückseite.»

«Leisureland» stand oben, darunter war eine Skizze. Henrietta erkannte die Dorfstraße und die Stichstraße, die von ihr zu Leisureland führte. «Warum ein Plan», fragte sie, «wenn wir schon hier sind?»

Sie überlegten noch ein bisschen hin und her, aber ihnen fiel nichts ein. Immerhin hatten sie fünf Tage Zeit.

Endlich waren die beiden Mädchen mit der Tanzmaschine fertig. Henrietta warf einen Euro ein und legte los.

4
Seetang im Kartoffelbrei – what a salty *Schweinerei*

«Da wird ja nur Englisch geredet», maulte Alexander. Gerade hatte seine Mutter erklärt, dass sie heute Abend Pauls Schwester Veronica besuchen würden, die mit ihren Kindern Justin und Clare auf dem nahe gelegenen Campingplatz in einem Wohnmobil Urlaub machte.

«I think Justin and Clare speak a bit of German», warf Paul ein, der sehr stolz darauf war, dass er Alexander verstanden hatte, «so, you can talk to them in German.» Nach einem Augenblick fügte er hinzu: «And your English is getting better every day, isn't it? Besser wie meine Deutsch.» Er trocknete gerade die Teller und reichte Susanne einen Stapel, den sie in den Schrank einräumte.

«Cupboard», murmelte Alexander, «wie der von Mother Hubbard.» Susanne schaute ihn verständnislos an, aber Paul schien leicht zusammenzuzucken.

«Gibt es auch einen Vater von Justin und Clare?», wollte Henrietta wissen. Susanne zögerte mit einer Antwort und warf Paul einen fragenden Blick zu.

«Yes», antwortete der, «there are two fathers, one for

Clare and one for Justin. But they both pissed off before their kid was born. No luck with men, poor Veronica.» Susanne sah die Fragezeichen in den Gesichtern ihrer Kinder. «Zwei Väter, beide nicht mehr da», fasste sie Pauls Antwort zusammen.

Am Nachmittag verkroch sich Alexander mit einem Buch in seinem Zimmer, Henrietta ging mit ihrer Mutter schwimmen. Der Strand war ziemlich flach, man musste weit ins Meer hinaus, um richtig schwimmen zu können. Das hatte den Vorteil, dass man sich langsam an die Kälte des Wassers gewöhnen konnte; es waren fünfzig Meter, bis das Wasser die Knie erreichte. Nachdem sie den ersten Kälteschock überwunden hatten, war es sehr schön. Henrietta lag auf dem Rücken im Wasser und blinzelte in die Sonne. Pauls Antwort ging ihr nicht aus dem Kopf. Sie schwamm zu ihrer Mutter hinüber. «Was heißt denn *piss off* genau?», fragte sie.

Susanne musste lachen. «Erstaunlich, wie gut du dir Vokabeln merkst, die du dir gar nicht merken sollst. Das heißt so was wie *abhauen* oder *sich verpissen*, aber das ist ein Wort, das du noch nicht lernen musst.»

Henrietta dachte an ihren Vater, der kurz vor den großen Ferien mit seiner neuen Frau und dem Baby aus Frankfurt weggezogen war, den sie und ihr Bruder aber in den Herbstferien in seinem neuen Zuhause in Bayern besuchen wollten. «Dagegen geht's uns ja richtig gut», sagte sie leise.

«Natürlich geht es euch gut, ihr verwöhnten Gören»,

Susanne spritzte Henrietta eine Hand voll Wasser ins Gesicht.

«Iiiii!» Henrietta spritzte zurück, bis Susanne die Flucht ergriff. Sie schwammen noch etwas weiter hinaus. Henrietta blickte in Richtung Ferienwohnung. Paul saß auf dem Balkon und winkte.

Kurz vor sechs zogen die vier los, vorbei am Schuh der Rettungsschwimmer zum «Caravan Park», dem Campingplatz. Dort stand eine bunte Mischung von Wohnwagen, Wohnmobilen und kleinen Hütten; Zelte waren dagegen kaum zu sehen. Viele der Hütten wirkten mit ihren kleinen Gärten oder Terrassen beinahe wie feste Häuser. «They are called mobile homes», erklärte Paul und betonte *mobile*, «but they are here all the time. My sister stays in one every summer.»

Henrietta fiel ein beigefarbener Wohnwagen auf: Er hatte auf der Frontseite ein langes Fenster mit einem nach oben geklappten Dach, darunter war eine Art Tresen, ebenfalls heruntergeklappt, beide konnte man nachts wohl zuklappen. Er sah fast so aus wie die Wagen auf dem Weihnachtsmarkt in Frankfurt, bei denen man gebrannte Mandeln oder Lebkuchen kaufen konnte.

Paul steuerte zielstrebig auf ein breites blau-weißes *mobile home* in einer der vorderen Reihen zu. Eine kurze Treppe führte auf eine kleine überdachte Holzveranda; er ging die Treppe hinauf und klopfte leicht an die Tür: «Anyone home?»

«Come in, it's open», rief eine Frauenstimme. Er öffnete die Tür und umarmte seine Schwester, die ihm entgegenkam. Die Frau machte einen freundlichen Eindruck. Sie war groß, hatte breite Schultern, langes dunkles Haar und große grüne Augen. Paul zeigte auf Susanne, die draußen auf der Veranda stand: «This is Susi, the love of my life. Susi, this is my sister Veronica.»

«Welcome», sagte Pauls Schwester und streckte Susanne die Hand zur Begrüßung aus.

«Hallo», antwortete die, «I've heard a lot about you.»

«Oh dear», lachte Pauls Schwester, «don't believe Paul's stories.»

«He only says nice things about you.» Susanne drehte sich um und zeigte auf Henrietta und Alexander, die noch unten im Gras vor der Treppe standen und sich während der Begrüßung der Erwachsenen am liebsten versteckt hätten. «This is my daughter, Henrietta, and my son, Alexander.»

Veronica ging auf sie zu und lächelte die beiden an. «Welcome, Henrietta and Alexander», sagte sie, «sorry I don't speak any German. Come up, come in and make yourselves at home.» Henrietta und Alexander verstanden zwar nur die Hälfte, aber die Frau klang nett. Sie legte ihre Hände wie einen Trichter an den Mund und rief: «Justin, Clare, where are you? Paul and his German family are here.»

Henrietta sah, wie die Lippen ihrer Mutter etwas schmal wurden. *Paul and his German family*, das ging ihr wohl ein bisschen zu schnell, schließlich waren sie und Paul erst seit ein paar Monaten zusammen.

«Come in», wiederholte Veronica und ging voran, «it's small but cosy.»

«Klein und gemütlich», übersetzte Susanne, und da hatte sie Recht. Der Wohnraum war wirklich nicht groß, aber man hatte den Eindruck, dass der Platz gut eingeteilt war. Gegenüber der Tür befand sich eine Sitzecke mit Tisch und zwei Hockern; rechts vor dem Fenster stand eine kleine Küchenzeile mit Spüle, Herd, Kühlschrank und Mikrowelle. Im Raum verteilt gab es mehrere Hängeschränkchen.

Veronica ging zum Herd und rührte in einem Topf. Alexander schnupperte, es roch gut. «Do you like the smell?», fragte ihn Veronica. «We'll be having beef in Guinness as soon as Justin und Clare come back.»

«Not pig äh pork in Guinness?», antwortete er. Veronica sah ihn erstaunt an. «Well, Alexander, I see your English is very good. Why do you think it is pork?» Das war zu schnell und zu viel für Alexander. Hilfe suchend sah er seine Mutter an. Bevor sie Veronicas Antwort übersetzen konnte, wurde die Tür aufgerissen, und eine Jungenstimme rief: «We're home, Mum!»

Zwei Kinder kamen durch die Tür gestürmt und blieben plötzlich wie angewurzelt stehen, als sie Henrietta und Alexander sahen. Henrietta und Alexander bekamen ganz große Augen. In der Tür standen die Reiter des schwarzen Schweins von gestern. Bevor einer von ihnen etwas sagen konnte, ging Paul zu seiner Nichte und umarmte sie kurz, dem Neffen klopfte er auf die Schulter. «Hi Clare, Justin, how are you both? Let me introduce you to Henrietta and Alexander.» Er sah, dass die vier sich anstarrten. «Have you met already?», wollte er wissen.

«Not really» und «Eigentlich nicht», antworteten Clare und Henrietta gleichzeitig. Sie schauten sich an und fingen an zu grinsen. «We saw them yesterday, that's all», erklärte Justin.

Bevor sie anfangen konnten, ihr Treffen zu erklären, bat Veronica sie alle zu Tisch. Es war eng, aber alle fanden einen Platz, die Erwachsenen auf der Sitzecke, die Kinder auf den beiden Hockern und zwei Stühlen, die Veronica von der Veranda geholt hatte. Während des Essens versuchten Henrietta und Alexander gleichzeitig mit Händen und Füßen, mit englischen und deutschen Wörtern und mit vielen Rückfragen von Justin und Clare zu erzählen, was am schwarzen Schwein und dann im Leisureland passiert war.

Justin und Clare verstanden glücklicherweise ein bisschen Deutsch. «Martina, our au-pair girl spoke German to us. She wanted to practice her English, but then she liked to speak German, too», erklärte Clare. Und außerdem hatten die beiden auch noch Deutsch in der Schule. Justin erinnerte sich sogar an das Wort *Schnitzeljagd*. Martina hatte eine zu seinem Geburtstag veranstaltet, und alle Kinder hatten gelacht, als Martina erklärte, dass das, was sie als *treasure hunt* kannten, auf Deutsch eine *pork cutlet chase* genannt wurde.

Das Essen war sehr lecker. Fleischstücke in einer dicken braunen Sauce, dazu Möhren und eine Art Kartoffelbrei, in dem noch was Salziges drin war. Alexander nahm es auf seine Gabel und hielt sie hoch. «Was ist das?», unterbrach er seine Schwester, die gerade auf ihren Bauch zeigte, um Justin und Clare zu erklären, wo der Gutschein am Schwein angebracht war.

«What's that?», lachte Clare. «That's seaweed.»

«See what?», fragte Henrietta.

«Seaweed? You know it from the beach. But cooked.»

«Gekochter Seetang?», übersetzte Henrietta entsetzt.

Alexander sah sie erschrocken an. «Uuaagh», würgte er und sagte dann laut, «ich ess doch keinen Seetang. Schlimm genug, dass man am Strand da durchlatschen muss!»

«Mach keinen Aufstand», schaltete sich seine Mutter ein, «das ist nicht das Zeug vom Strand. Das sind essbare Algen. *Seaweed* ist der große Renner hier an der Küste. Ihr habt doch die *Hot Seaweed Baths* am Ende unserer Straße gesehen, wo man sich stundenlang in ein mit Seetang gefülltes Bad legen kann, soll sehr gesund und entspannend sein.» Keine gute Erklärung, dachte sie, als sie Alexanders Gesichtsausdruck sah. Und auch Henrietta schien von einem leichten Würgreiz befallen zu sein. «Passt mal auf», sagte sie, «wir sind hier zu Gast. Andere Länder, anderes Essen. Lasst es einfach auf dem Teller liegen und macht nicht so ein Theater.» Sie wandte sich an Veronica: «Kids never like to eat anything they don't know.»

«Have you been to the Hot Seaweed Baths?», wollte Veronica wissen, denn diese drei Wörter hatte sie vorhin verstanden, als Susanne mit Alexander geredet hatte.

«No», antwortete Susanne, «but I want to go.»

«We could go there together», schlug Veronica vor.

«Good idea», stimmte Susanne zu.

Sie sah wieder zu ihren Kindern hinüber. Die schien der Seetang nicht mehr zu interessieren. Clare sagte gerade den *nursery rhyme* «Mother Hubbard» auf. Schon wieder *Mother Hubbard*, wunderte sich Susanne. Sie sah, wie Paul das Gesicht verzog.

Auch Henrietta hatte gesehen, wie Paul reagiert hatte, als Clare «Old Mother Hubbard went to the cupboard» gesagt hatte. Komisch, dachte sie, heute Mittag und nun jetzt – was hat der gegen das Gedicht?

Als Veronica die Teller abräumte, gab sie Alexander einen kleinen Klaps. «Apple crumble with custard for desert», lachte sie, «you'll like that, I'm sure. Nothing strange from the beach in there.»

«Mhm», strahlte Clare. Alexander zögerte mit einer Antwort. Er verstand nur *apple* – wer weiß, was *crumble* und *custard* wieder waren. Aber der Nachtisch stellte sich tatsächlich als sehr lecker heraus. Eine dicke Vanillesauce über einer Art zermanschtem Apfelkuchen ließ ihn den Seetang schnell vergessen.

«Will we go to the beach tomorrow?», fragte Clare, als die vier sich verabschiedeten.

«Dürfen wir?», fragte Henrietta ihre Mutter.

«Na klar», antwortete die.

«Wo – äh where?», wandte sie sich an Clare.

«Well, im Schuh», versuchte die eine deutsche Antwort.

«O.k., zehn Uhr, ten o'clock, am Schuh.» Henrietta war stolz auf sich, dass sie das *am* nicht extra betonte.

5
Stop and go and bye bye – ist der dicke Mann ein *spy*?

«Was macht ihr denn schon hier?», fragte Susanne noch halb verschlafen, als sie in die Küche kam. Henrietta und Alexander saßen am Frühstückstisch und hatten gerade ihre letzten Cornflakes aufgegessen.

«The early bird catches the worm», antwortete Alexander, und als er das erstaunte Gesicht seiner Mutter sah, fügte er hinzu, «hat Justin gestern gesagt.»

«So, so, Justin hat gestern auch was gesagt», lachte die, «und ich dachte, gestern hat von den beiden nur Clare geredet. Ihr habt euch gut verstanden, nicht?»

«Alexander und ich haben deutsch gesprochen und die beiden englisch. Hat gut geklappt», bestätigte Henrietta.

«Was für einen Wurm wollt ihr Frühvögel denn fangen?», wandte sich Susanne wieder an Alexander.

«Nur so», antwortete er, während er die Cornflakes-Schachtel zurückstellte, «wir wollen uns mit Justin und Clare früh am Strand treffen.»

Susanne staunte schon wieder. Ihr Sohn, der vor jeder Pfütze einen Umweg machte, wollte früh an den Strand. Interessant. «Schön, dass ihr euch mit den beiden verabredet habt», sagte sie. «Übrigens, Paul und ich wollen heute Nachmittag nach Ballina fahren zum Einkaufen. Wollt ihr mit?»

Henrietta und Alexander schauten sich an. «Lieber nicht.»

Es dauerte keine zwei Minuten mehr, da liefen Henrietta und Alexander aus dem Haus und den Strand hinunter. Susanne sah ihnen durch das große Fenster nach. «What are you looking at?», hörte sie Paul fragen, der hinter sie getreten war und seinen Arm um ihre Schultern gelegt hatte.

«Off to the beach, the two of them to meet Justin and Clare», antwortete sie.

«That's great», freute er sich und gab ihr einen Kuss.

Am Schuh warteten Justin und Clare schon auf sie.

«Hallo», sagte Henrietta. «Was machen wir denn jetzt?» Gestern Abend hatten sie besprochen, das Rätsel gemeinsam zu lösen. Nur wie sie das anstellen wollten, wussten sie noch nicht.

«What are we going to do now?», nahm Clare die Frage auf. «We are going to solve the mystery of Mother Hubbard, äh...», sie sah in Alexanders fragendes Gesicht, «äh, wir rätseln Mother Hubbard.»

Henrietta musste lachen.

«What's wrong?», fragte Clare ärgerlich.

«Nichts», antwortete Henrietta schnell, «*wir rätseln Mother Hubbard* is good.»

«And what are we going to do?», fragte Justin.

Die vier überlegten einen Augenblick. «Let's go to Leisureland», sagte Clare schließlich, «that's where your funny *Zettel* turned up first, maybe there is another Mother Hubbard clue there today.»

Sie gingen ins Freizeitcenter und sahen sich noch einmal alle Automaten genau an. Vielleicht war Clares Idee von gestern Abend ja gar nicht so dumm gewesen, vielleicht hieß einer der Automatenspiele *Mother Hubbard* oder so ähnlich, oder vielleicht hatte eins einen Schrank, der sich bei einer hohen Punktzahl öffnete und einen weiteren *clue* preisgab.

Das Leisureland war so früh noch ziemlich leer, nur zwei größere Jungen spielten geräuschvoll *Final Fantasy*. Kurz nach ihnen kamen zwei Männer ins Spielcenter. Der eine hatte graues Haar, ein schmales Gesicht und blaue Augen. Er trug ein Jackett und wirkte sehr elegant, gar nicht wie ein Tourist in einem Freizeitcenter am Strand. Der andere rauchte, war dicker und blond, er trug T-Shirt, Jeans und Turnschuhe. Ab und an warfen die beiden 50-Cent-Münzen in die *Waterfall*-Maschine. Dabei schauten sie sich öfter um.

Als Henrietta neben ihnen den Kran im Glaskasten betätigte und schon fast so gut wie sicher eine Uhr geangelt hatte, hörte sie den eleganten Mann sagen: «... timing is no problem, but the money. A million for Mother Hubbard is ...» Der Blonde unterbrach ihn und deutete mit dem Kopf in die Ecke, in der sich Justin gerade als Rennfahrer an einem Rallye-Driving-Automat austobte. Der erste Mann nickte, dann verließen die beiden das Spielcenter. In ihrer Aufregung ließ Henrietta die Uhr wieder fallen. Sie ging schnell zu Alexander hinüber und winkte die beiden anderen heran. «Habt ihr die beiden Männer gesehen? Der elegante mit den grauen Haaren hat von Mother Hubbard geredet», sagte sie so schnell, dass Justin und Clare nichts verstanden und sie fragend anschauten. «Er hat gesagt: ‹the timing is no problem, but the money. A million for Mother Hubbard is ...›», berichtete sie.

«A million for Mother Hubbard?», wiederholte Clare fragend.

«A million what? And why are two men talking about a nursery rhyme in a Leisure Centre?», wollte Justin wissen.

«Freunde von Paul», vermutete Alexander, «die uns noch einen *clue* geben sollen.»

«Aber wieso wussten die, dass wir hier sind?», fragte Henrietta.

«Maybe they were watching you», versuchte es Justin, «Paul phoned them when you went to the beach, they followed you, came in here and said the clue where Henrietta could hear it.» Das war zu viel Englisch auf einmal für Henrietta und Alexander. Langsam wiederholte Justin seine Vermutung, dass die Männer Henrietta und Alexander in Pauls Auftrag gefolgt sein könnten.

«Come on, Justin, that's too complicated», sagte Clare.

Henrietta schüttelte den Kopf. «Ein bisschen viel Aufwand, nicht?» Jetzt verstanden Justin und Clare *Aufwand* nicht. «Viel äh, work», versuchte sie es.

«Yeah, a lot of effort for a clue», stimmte Clare zu, aber nach einer Pause fügte sie hinzu: «But why else should adult men talk about Mother Hubbard in Leisureland?»

Sie schauten sich noch einmal alle Automaten an. Auch mit größter Phantasie hatte keines der Spiele irgendetwas mit einem Schrank oder einer alten Frau mit Hund zu tun. «Noch was», fiel es Henrietta wieder ein, «das Englisch von dem Mann mit den grauen Haaren war anders als das von Paul.»

«What do you mean?», fragte Clare.

«Ich weiß nicht, irgendwie anders, ein anderer Akzent oder so.»

Justin und Alexander spielten noch eine Runde Tischeishockey, und Clare und Henrietta vergnügten sich mit Dance Disco Machine. Nach einer Weile sagte Clare: «We have to go. I told Mum we would be home by now.» Sie verließen das Freizeitcenter. Justin und Clare liefen in Richtung Wohnwagen, Henrietta und Alexander gingen den Strand zurück in Richtung Ferienwohnung.

Nach ein paar Schritten drehte sich Alexander um. Er ergriff den Arm seiner Schwester und blieb stehen: «Das gibt's doch nicht», rief er, «kuck mal!»

Henrietta drehte sich um, sah aber nichts Besonderes – nur die Sonne, die auf die Wellen schien und ein

schönes Glitzern produzierte. «Da», rief Alexander und zeigte in Richtung Dünen. Da vorne liefen Justin und Clare in Richtung Caravan Park, und nicht weit entfernt folgte ihnen der blonde Mann aus dem Freizeitcenter. «Aber der ist doch vor uns weggegangen!» Alexander klang ganz aufgeregt. «Und jetzt beschattet er Justin und Clare.»

Henrietta schüttelte den Kopf. «Warum das denn? Vielleicht hat er noch eine geraucht oder so, und jetzt geht er eben da lang. Vielleicht wohnt er auch in einem der Wohnwagen.» Sie schaute Justin und Clare nach. Die drehten sich um und sahen zu Henrietta und Alexander hinüber. Justin und Clare blieben stehen und winkten. Alexander winkte zurück. Komisch, dachte Henrietta, warum bleibt der Blonde denn jetzt auch stehen? Ob ihr Bruder doch Recht hatte? Quatsch – warum sollte der Mann die beiden denn verfolgen?

Alexander hatte inzwischen sein Handy aus der

Tasche genommen. Wie gut, dass er daran gedacht hatte, die Nummer von Justin und Clare einzuspeichern! Hastig fing er an zu tippen.

> Mann aus LLand verfolgt euch.
> Stoppt geht stoppt geht.

Ob die beiden seine SMS verstehen würden? Er schickte sie ab, und sie sahen, wie Justin sein Handy hervorholte und die Nachricht las. Er winkte in Richtung Henrietta und Alexander, dann drehten die beiden sich um und gingen weiter. Der Blonde setzte sich ebenfalls in Bewegung. Gespannt sahen Henrietta und Alexander ihnen nach. Eine Minute später blieben Justin und Clare wieder stehen, der Mann auch. Einen Augenblick später gingen alle drei wieder weiter.

«Das ist kein Zufall», musste nun auch Henrietta zugeben, während bei Alexander eine Antwort eintraf:

> We go home – you follow man.
> Black pig at 2 pm
> Cu

stand auf dem Display. «Cu. Was soll das denn heißen?», fragte Henrietta, fand aber schnell selbst die Antwort: «Ach *c* und *u*, *see you*. Na klar.»

6
Surprise in a pub –
und zwar nicht zu knapp!

«And, who is he?», fragte Justin erwartungsvoll, als er und seine Schwester um zwei Uhr beim schwarzen Schwein eintrafen. Henrietta zuckte mit den Achseln.

«Er ist mit Abstand hinter euch hergeschlichen, bis ihr im Wohnwagen wart. Er hat euch richtig beschattet. Dann ist er zum Benbulben Hotel da drüben gegangen», berichtete Henrietta von ihrer wenig erfolgreichen Verfolgung des Mannes. «Wir haben noch ein bisschen gewartet, aber er ist nicht wieder rausgekommen. Dann sind wir auch nach Hause gegangen.»

«What?», fragte Justin leicht entnervt. «I understood *Hotel* and *nach Hause* and *Mann* but none of the rest. You have to talk more slowly, Henrietta.»

«Sorry», entschuldigte sie sich und wiederholte langsam und mit vielen erklärenden Handbewegungen, was sie gesagt hatte.

«Und was nun?», sagte Alexander, «wir können ihn ja schlecht fragen, ob er ein *clue* ist.»

«Why *schlecht fragen*», wollte Clare wissen, «if we ask him, we should *gut fragen*. But as he is not here, we can't *fragen* him at all.»

Henrietta sah sie erstaunt an und überlegte, wie sie erklären sollte, dass *schlecht fragen* nicht das Gegenteil von *gut fragen* war, als ihre Gedanken von Alexander unterbrochen wurden: «He, da kommt der elegante Mann mit den grauen Haaren von heute Morgen gerade aus dem Hotel heraus.»

Alexander hatte Recht: Diesmal hatte der Mann einen kleinen silbernen Koffer dabei. Er ging an ihnen vorbei, blieb vor *The Pilot's Bar* stehen, schaute sich noch einmal kurz um und ging hinein.

«What do we do now?», fragte Clare. «Go in?»

«Können wir denn einfach so in eine Kneipe reingehen?», wollte Alexander wissen. «Muss man da nicht achtzehn sein?»

«We had no problem going in there with my mother», antwortete Justin zuversichtlich.

«Bloß, dass wir alleine sind, und nicht in Begleitung von Erwachsenen.» Henrietta war skeptisch.

«What's *bloß*?», wollte Justin wissen.

O Gott, dachte Henrietta, wie erkläre ich das denn! Wieder unterbrach Alexander ihre Suche nach einer Übersetzung: «Das gibt's doch nicht, da kommt ja auch noch unser blonder Schatten von heute Morgen!» Er zeigte zur Kreuzung. Aus einer Seitenstraße kam der dicke Blonde zusammen mit einem anderen Mann, den sie noch nicht kannten. Er war sehr groß und schlank und hatte einen Schnurrbart und Glatze. Ob die beiden auch in die Kneipe gehen würden?

Henrietta, Alexander, Justin und Clare taten so, als ob sie in ein spannendes Gespräch vertieft wären, und bemühten sich, nicht zu den beiden Männern zu sehen. Die gingen an ihnen vorbei, ohne dass der blonde Schattenmann Justin und Clare erkannte. Oder ließ er sich nur nichts anmerken? Die beiden Männer ignorierten die Kneipe und spazierten in Richtung Ortsausgang.

Was nun? Justin packte Alexander am Ärmel. «Come on, Alex, we'll go into the pub and the girls follow the shadowman and his friend. And we'll text each other every ten minutes.» Alle waren mit Justins Vorschlag einverstanden. Alexander versuchte sich ein paar englische Wörter zu überlegen, falls man ihn fragte, was er in der Kneipe wollte. *Looking for my father?* Schön, wenn ich ihn wirklich da drin finden könnte, dachte er. Egal, Justin würde schon was einfallen, wenn jemand sie ansprechen würde.

Die beiden Mädchen schlenderten die Straße entlang, hinter den beiden Männern her: vorbei an Clarke's Fish and Chip Shop, wo Paul am ersten Abend begeistert Unmengen von fettigen Pommes mit Salz und Essig gekauft hatte und die Beckers ihm die Bedeutung des Wortes «Geschmackssache» erklären mussten. Die Männer gingen sehr langsam, blieben ab und zu stehen, und einmal ging der Blonde in einen Laden, um Zigaretten zu kaufen. Der große Schlanke wartete draußen,

nahm ein Notizbuch aus seiner Jackentasche und schrieb etwas auf. Einmal, sie hatten gerade die kleine Grundschule links hinter sich gelassen, schoss er ein Foto. Henrietta und Clare blieben auch stehen. Beim ersten Mal schauten sie sich die Schaufenster eines Ladens an, in dem viele schwarz-weiße Fähnchen lagen, beim zweiten Mal nahm Henrietta den *pocket translator* aus der Tasche, den ihr Paul auf dem Frankfurter Flughafen gekauft hatte, als sie auf ihre Maschine nach Dublin warteten. Sie tippte etwas ein und lachte.

«What's so funny?», wollte Clare wissen.

«Justin wollte doch wissen, was *bloß* heißt», antwortete sie. Sie zeigte auf das Display.

> bloß (adj) – bare, naked
> bloß (adv) – only
> jemanden bloßstellen – to unmask, to show up

«Funny language», schüttelte Clare den Kopf, «with one word which means both *naked* and *only*.»

«Hoffentlich hat Justin nicht gedacht, dass wir nackt in die Kneipe gehen sollen», kicherte Henrietta.

Clare sah auf ihr Handy. «Ten minutes are up, it's time to text them.» Sie fing an, eine Nachricht zu schreiben.

Clare schickte die SMS ab und sagte: «I hope Justin's mobile is on.»

Justin's mobile? Ein Fragezeichen erschien auf Henriettas Gesicht. Ein *mobile home* war ein Wohnwagen, wusste sie seit gestern. Und wieso war Justin's *mobile home on*? Clare schien Henriettas Gesichtsausdruck richtig zu verstehen, denn sie zeigte auf ihr Handy und sagte: «Mobile.»

«*Handy* heißt auf Englisch *mobile*?», fragte Henrietta verwirrt. Aber *Handy* war doch schon Englisch.

«*Mobile* is *handy* in German?», lachte Clare. «That's handy.»

«Und was bedeutet dann *handy*?»

«Useful, practical.»

«Wie praktisch, mein Handy *is handy*, and your mobile *ist mobil*.»

Als wäre nichts dabei, waren Justin und Alexander in die Kneipe marschiert. Zuerst mussten sie sich an die Dunkelheit gewöhnen – es war ja drinnen viel düsterer als draußen. Rechts stand ein langer Tresen mit vielen Zapfhähnen, an dem zwei ältere Männer saßen und

Guinness tranken. Dahinter unzählige Flaschen und Gläser. Links gab es niedrige Tische und Hocker, die meisten waren nicht besetzt. Oben an der Wand gegenüber der Eingangstür lief ein Fernseher, auf den alle schauten. Alexander sah auch hin. Der aufgeregte Kommentar klang so ähnlich wie bei einem Bundesligaspiel, bloß auf Englisch. Aber mit Fußball hatte das, was auf dem Bildschirm zu sehen war, nichts zu tun. Gerade sprangen zwei große Männer in der Luft aufeinander zu, mit beiden Händen schwang jeder über seinem Kopf einen Schläger. Was war das? Eine Kreuzung aus Hockey und Tennis?

«He's not here», flüsterte Justin. Das habe ich auch gesehen, dachte Alexander, sagte aber nichts. Er schaute weiter auf den Fernseher. Gerade hatte ein Spieler den kleinen Ball mit seiner Hand gefangen und lief schnell über den Platz. Dabei balancierte er den Ball auf dem Schläger, das sah aus wie Eierlaufen mit Höchstgeschwindigkeit. Spieler der gegnerischen Mannschaft versuchten mit vollem Körpereinsatz, ihn daran zu hindern, vorwärts zu kommen. Jetzt warf er den Ball in die Luft und drosch auf Schulterhöhe mit dem Schläger auf ihn ein. Der Ball flog in rasantem Tempo davon, die Kamera des Fernsehens konnte ihm kaum folgen.

«All right, boys?», fragte der Mann hinter dem Tresen.

«Yeah, thanks », antwortete Justin, «just looking for my mother. But she isn't here yet.»

«Did you look in the lounge?», fragte der Barkeeper und nickte mit dem Kopf in Richtung einer offenen Tür hinten rechts, bevor er sich wieder dem Spiel im Fernsehen zuwandte. Die beiden Jungen gingen durch den Raum, und Justin blickte vorsichtig um die Ecke in das kleine Nebenzimmer. Sofort zuckte er zusammen. Er stieß Alexander zurück und flüsterte: «He's there, all right, but he's not alone.» Alexander drängte sich an ihm vorbei und schaute vorsichtig um die Ecke. Nein, das durfte doch nicht wahr sein! Der elegante Mann saß an einem Tisch, und neben ihm, mit dem Rücken zur Tür, saß – Paul.

7
Meeting in a bar – oder shopping in Ballina

Alexander merkte, wie ihm die Nackenhaare zu Berge standen. Schnell trat er ein paar Schritte zurück: «Aber der ist doch einkaufen im nächsten Ort. Er und meine Mutter wollten heute Nachmittag losfahren, nach ...»

Justin zog Alexander erst mal in Richtung Theke und sagte zum Barmann: «My Mum isn't there. But we'll wait for her. Two Cokes please.»

Der Barmann nahm seinen Blick kurz vom Spiel, goss zwei Cola ein und gab sie ihnen. «Three euros.»

Alexander fischte sechs 50-Cent-Münzen aus der Tasche. Gut, dass er nicht alles Geld im Freizeitcenter ausgegeben hatte. Sie setzten sich an einen der freien Tische, und Justin wollte wissen, was Alexander da gerade so schnell auf Deutsch gesagt hatte.

«Paul and my mother – shopping in Ball... äh, Ballaballa oder so», versuchte es Alexander auf Englisch.

«In Ballina? But – he's here. We must text the girls.»

Kaum hatte er seine SMS verschickt, kam auch schon die Nachricht von Clare an:

> Men stop + go + take photos of houses. V strange :-s

Gut, dass das Telefon nicht geklingelt hatte, als sie gerade um die Ecke in die Lounge geschaut hatten. Justin schien denselben Gedanken zu haben, denn er stellte sein Handy auf lautlos.

Kurz nachdem Clare ihre Nachricht abgeschickt hatte, kam auch schon eine SMS von Justin an. Schnelle Antwort, dachte Henrietta, aber die Nachrichten waren wohl nur fast zeitgleich auf den Weg gebracht worden. Mit wachsender Überraschung lasen die beiden Mädchen:

> Man in pub with paul :-o
> Alex says paul in ballina :-o :-o
> + now ?

Henrietta schüttelte den Kopf. Der Mann und Paul, das passte überhaupt nicht zusammen. Und warum war Paul nicht in Ballina? Ob sie ihre Mutter anrufen und fragen sollte?

«What will we do?», fragte Clare. «Go back to the pub and ask him why he isn't in Ballina?»

Henrietta schüttelte den Kopf und beobachtete dabei die beiden Männer, die jetzt den Ortsausgang erreicht hatten. Sie blieben vor zwei großen, schwarz gestrichenen Gittertoren stehen und fotografierten sie.

Was machten die da? Es sah aus, als ob sie etwas auskundschaften wollten. «Wir bleiben lieber dran», beantwortete Henrietta Clares Frage mit einiger Verzögerung, «Paul können wir immer noch fragen, der läuft uns nicht weg.»

Clare nickte und schrieb eine SMS zurück. Die beiden Jungen sollten so lange wie möglich in der Kneipe bleiben und versuchen, Paul und den Mann zu belauschen. Sie und Henrietta würden herausfinden, was die beiden anderen Männer vorhatten.

+ then 2 bp

endete die lange Nachricht.

«Special agent Justin to special agent Alexander, we've got a job to do», sagte Justin, als sie die SMS entschlüsselt hatten. Er riet, dass «bp» die Abkürzung für «black pig» war und erklärte Alexander, dass 2 in einer SMS für «to», «too» oder «two» stehen konnte. Also sollten sie sich nachher mit den Mädchen am schwarzen Schwein treffen. Alexander schaute zum Barmann, aber der hatte nur Augen für den Fernseher. Das rätselhafte Spiel schien wieder einen Höhepunkt erreicht zu haben, denn der Barmann und die beiden Männer an der Theke jubelten. Der Ball war aber nicht ins Tor, sondern über das Tor geflogen, das hatte Alexander genau gesehen, und zwar zwischen den nach oben verlängerten Torpfosten hindurch.

Die Stimme des Reporters überschlug sich fast, ein Knäuel von Männern in Schwarz und Weiß lag sich in den Armen: «Point for Sligo, Sligo now leads 4–6 to Wicklow's 3–7.» Einige der Männer in der Kneipe riefen «Come on, Sligo!»

Alexander blickte nicht durch. Justin klärte ihn auf. «It's hurling. Not like your football.» Alexander nickte. «They all love hurling here in the west of Ireland», fuhr Justin fort, «it's a very old Irish sport, and Sligo is the local team. That's why there are black and white flags everywhere on the streets here.»

Alexander hätte gern mehr über die komische Spielart erfahren, vor allem, warum die Zuschauer jubelten, obwohl der Ball doch über das Tor geflogen war, aber Justin deutete mit dem Kopf in Richtung Nebenzimmer und legte den Zeigefinger auf die Lippen. Sie nahmen ihre Gläser und setzten sich an einen Tisch neben der offenen Tür.

Nachdem der Schlanke mit dem Schnurrbart viele Fotos gemacht hatte, öffneten die beiden Männer die schwarzen Gittertore und verschwanden dahinter. Henrietta und Clare folgten ihnen, um zu sehen, was sich hinter den Toren verbarg. Eine lange mit Kieselsteinen ausgelegte Auffahrt leitete den Besucher zu einem großen dreistöckigen Haus. Es wirkte sehr alt und war von alten Bäumen und Sträuchern umgeben. Eine breite Treppe aus Granit führte zu der rot gestrichenen Haustür hinauf, dem einzigen Farbfleck auf dem ansonsten graubraunen Steinhaus. Die Männer gingen auf die Tür zu.

Clare zückte ihr Handy: «You stand there», wies sie Henrietta an, « I'll take a picture of the men, but it will look like I'm taking one of you in front of the mansion.»

Henrietta verstand, dass es so aussehen sollte, als ob Clare sie fotografieren wollte. Aber warum «in front of the *menschen*»? Weit und breit war außer ihnen und den beiden Männern niemand zu sehen. «Vor welchen Menschen?», fragte sie.

«Mansion, not *Menschen*», lachte Clare, «*mansion* just sounds like your German *Menschen*. It's the English word for a big rich house like that one.» Sie ging ein paar Schritte zurück.

Henrietta fuhr sich durch die Haare, als ob sie sich für ein Foto schön machte: «O. k.?», fragte sie.

«Perfect», antwortete Clare und passte auf, dass die beiden Männer im Bild blieben.

Alexander und Justin spitzten die Ohren. Der Fernseher war zwar immer noch sehr laut, aber ein bisschen konnte man die beiden Männer am Tisch im Nebenraum doch verstehen. Justin rutschte mit seinem Stuhl so nahe an die Ecke, wie es nur ging, ohne gesehen zu werden. «... big project ...», meinte er zu verstehen, und dann: «... difficult ... need a mansion ... paintings.» Das musste der andere Mann sein, der sprach. Dann hörte er die Stimme seines Onkels: «... one million euros ...»

Alexander verstand so gut wie nichts, aber er wollte nicht auch noch näher an die Ecke heranrücken, das sähe bestimmt verdächtig aus. Stattdessen hielt er den Barmann im Auge. Würde der sie nicht bald rauswerfen, wenn keine *Mum* auftauchte? Aber der Mann hinter der Theke starrte nur nach vorn in den Fernseher und verfolgte das Spiel.

Inzwischen hatte Alexander herausgefunden, dass es auch ein Erfolg war, wenn man über das Tor schoss. Der Ball musste aber zwischen den langen Stangen über dem Tor durchgehen. Dann bekam man einen Punkt. Aber wenn der Ball ins Tor ging, bekam man gleich drei Punkte. Und der aktuelle Spielstand Sligo 5–6 und Wicklow 3–11 bedeutete, dass Sligo mit fünf Toren und sechs Punkten mit insgesamt 21 Punkten in Führung vor Wicklow mit 20 Punkten war.

Henrietta drehte sich um, Clare war mit dem Fotografieren fertig. Nanu, was war denn das? Klingelte der Schattenmann da etwa an der Haustür?

«They are going into the mansion.» Clare klang enttäuscht.

«Und ich dachte, die wollten das Haus auskundschaften», wunderte sich Henrietta, «und dann vielleicht später ausrauben oder so.»

«But then you don't talk to the people first.»

«Ja, oder sie haben nur den Butler getroffen, und der gehört zu ihnen.»

«Come on Henrietta», protestierte Clare, «the butler is only the baddie on television, there are no bad butlers in real life.»

«Und jetzt?»

Clare nahm ihr Handy. «Time to text the boys again. And to send them a nice photo.»

Justin lauschte angestrengt.

«... must go back to Ballina», hörte er plötzlich, als es im Fernseher einen Moment ruhiger wurde, «... otherwise Susanne will wonder where I am.» Justin stockte einen Moment der Atem, dann riss er Alexander am Arm und zog ihn zur Tür mit der Aufschrift «Gents». Alexander stolperte hinter ihm her in die Herrentoilette, während Justin ihm zuflüsterte, dass Paul gerade gehen wollte. Justins Handy vibrierte. Eine Nachricht von Clare:

> End of village. Mansion.
> Men take photos + go in :-o + now?

Justin überlegte kurz und textete zurück:

> Hiding in toilet. Paul leaving for Ballina.
> Men talk about mh, 1 million and mansion !!!
> back 2 bp

8
Justin warf, Alexander traf –
and they all had a good laugh

Vorsichtig öffnete Justin die Tür und ging hinaus. Der Tisch, an dem Paul und der elegante grauhaarige Mann gesessen hatten, war leer.

«Und?», fragte Alexander gespannt. Justin berichtete von den Teilen des Gesprächs, die er mitgehört hatte. «*Mansion* is a big house», erklärte er, als Alexander ihn fragend ansah, «my uncle and this man are talking about a mansion – and the other two are taking photos of a mansion, that can't be a coincidence.» Auch Alexander fand, dass das kein Zufall sein konnte, nachdem beide in seinem Taschenwörterbuch nachgeschaut hatten, was *coincidence* bedeutete.

«Remember, Henrietta said the elegant man has a different accent from Paul. She was right. He has an American accent. He's American.»

«Und jetzt?», fragte Alexander.

«Back to the pig to wait for the girls», antwortete Justin. Sie verließen die Kneipe. Im Fernseher freuten sich die Schwarz-Weißen schon wieder. Ein guter Tag für Sligo.

Die beiden Mädchen hatten den längeren Weg zurück, und so fanden sie Justin und Alexander auf dem Schwein sitzend, als sie ankamen. Sie gingen nochmal die ganze Geschichte durch. «It doesn't make sense», kratzte sich Justin am Kopf, «if it is all just a *Schnitzeljagd* for Henrietta und Alexander then why one million euros?»

«Und warum sind jetzt so viele Leute dabei?», fragte Henrietta. «Ein Zettel im Kühlschrank, ein Zettel am Schuh, zweimal ein *clue* und der Gutschein am Schwein, das war o. k. für eine Schnitzeljagd. Aber das mit Mother Hubbard ist viel zu aufwendig.»

Clare stimmte zu: «It's too much action for a simple game. But what else could it be?»

Henrietta zuckte mit den Schultern.

«And why was Paul not shopping in Ballina? Why was he talking to a man about Mother Hubbard?», überlegte Clare weiter.

«Und wenn das eine Schnitzeljagd für Henrietta und mich ist, warum ist der blonde Schattenmann dann im Freizeitcenter nicht hinter uns hergegangen, sondern hinter Justin und Clare?», warf Alexander ein.

«Und warum ein Lageplan auf der Rückseite des Zettels? Und warum ein handschriftlicher *clue*? Und nicht gedruckt wie bei den beiden ersten Malen. Es passt alles nicht zusammen», schloss Henrietta.

Justin reichte es. «Let's go to the beach», schlug er vor. «I'll teach you hurling», wandte er sich an Alexander.

«Gute Idee», antwortete der. Und zu seiner Schwester, die ihn erstaunt ansah, weil ihr kleiner Bruder plötzlich ein englisches Wort verstand, das sie noch nicht kannte, sagte er stolz: «Special agents learn special words.»

Justin lief schnell zum Wohnwagen und holte einen Schläger und einen kleinen festen Ball. Der Schläger war flach und am unteren Ende etwas breiter – wie ein platt gemachter Hockeyschläger. «It's called a ‹camán› – an Irish word», Justin lachte, als Henrietta und Alexander versuchten, das auszusprechen, «but you use its English name ‹hurley›.»

Alexander hatte schon im Fernsehen gesehen, dass es – im Gegensatz zu Hockey – offensichtlich keine Beschränkung für den Einsatz des Schlägers gab. Die Männer schwangen ihn über ihrem Kopf, sie spielten den Ball nicht nur vom Boden, sondern trafen ihn auch hoch in der Luft. Außerdem schien man mit dem Ball alles machen zu können – kicken, tragen, werfen, schlagen, berichtete er seiner Schwester.

«Not everything, there are rules», korrigierte Justin und erklärte, dass der Ball nur vier Schritte weit getragen werden darf, es sei denn, der Spieler balanciert den Ball auf seinem Schläger, dann kann er ihn so weit transportieren, wie seine Gegner es zulassen. Genau, dachte Alexander, deshalb sah das im Fernsehen so aus wie Tempo-Eierlaufen. Justin erklärte noch, dass der Ball auch nicht mit der Hand vom Boden aufgehoben werden durfte, sondern nur mit dem *hurley*, dann sagte er: «Now let's play. Here, Alexander, you take the hurley I'll throw the ball and you hit it.»

Alexander nahm den Schläger. Der Ball flog auf ihn zu. Er schlug vorbei, der Ball landete hinter ihm im Sand.

«Hold it with two hands, not with one», half ihm Clare, «here, I'll show you.»

Beim zweiten Versuch traf er besser, aber der Ball flog nur ein paar Meter weit. Einige Male schwang Alexander den Schläger ohne Ball durch die Luft, um ein Gefühl für die Bewegung zu bekommen. Schließlich klappte es besser, die Bälle flogen immer weiter.

«Ich will auch mal probieren», drängelte Henrietta.

«Gleich», antwortete Alexander, «nur noch einen.» Justin warf, und Alexander traf.

«Wow», rief er begeistert, er hatte den Ball richtig gut getroffen. Sein Blick folgte der Flugbahn des Balles. Er flog hoch in Richtung Henrietta, über sie hinweg und direkt – oje, wo der Ball landen würde, lag eine Frau im Sand und las ein dickes Buch. «Vorsicht», schrie Alexander laut, «äh...», was zum Teufel hieß *Vorsicht* auf Englisch? Zu seiner großen Überraschung blickte die Frau auf und sah in seine Richtung. Zack, der Ball schlug direkt neben ihrem Strandtuch im Sand ein.

Henrietta raste hinterher. «Entschul... äh sorry», sagte sie, als sie der Frau näher kam, «wir äh we...»

«Nichts passiert», antwortete sie auf Deutsch, «der Strand ist schließlich zum Toben da. Was spielt ihr eigentlich?», wollte die Frau wissen. Stolz klärte Henrietta sie über Hurling auf. «Wollen Sie es auch mal pro-

bieren?», bot sie ihr an. «Nee, lass man, danke», lachte die, «ich mach hier einen faulen Urlaub. Schwimmen und Sonnenbaden.»

«Und Lesen», ergänzte Henrietta mit Blick auf das dicke Buch, das die Frau neben das Strandtuch gelegt hatte, *Great Paintings of Ireland* hieß es. «Und Lesen», bestätigte die Frau. Sie zeigte in Richtung Alexander. «Bitte lächeln, wir werden fotografiert.» Henrietta und die Frau winkten Alexander zu. Henrietta mit dem Ball in der Hand gut sichtbar, da Alexander wahrscheinlich mehr an dem Ball als an ihr und einer fremden Frau interessiert war. Sie verabschiedete sich von der Frau und ging zu den anderen zurück. Da hatte Paul aber nicht Recht, dachte sie, als er am Flughafen in Frankfurt gesagt hatte, dass Enniscrone ein Ferienort für irische Familien sei, *no other tourists there*. Und mindestens ein Amerikaner war auch da. Aber bei Paul schien ja nie so ganz zu stimmen, was er sagte. Sie warf Alexander den Ball zu, der holte aus und semmelte diesmal voll daneben.

«Never mind», tröstete ihn Justin, «you can't become a perfect hurler in one day.»

9
Zickzack durch Enniscrone –
but Shadowman goes home

Mit der Zeit wurden Henrietta und Alexander bei ihren Schlägen sicherer, immer öfter flog der Ball tatsächlich ein gutes Stück den Strand entlang. Ein tolles Gefühl war das! Als Justin einem Schlag von Henrietta hinterherlief, sah er plötzlich, dass in einem der auf dem Strand geparkten Autos der blonde Schattenmann saß, der ihm und seiner Schwester am Morgen gefolgt war. Er lief zu den anderen zurück, winkte sie zu sich heran und flüsterte geheimnisvoll: «Don't look now, shadowman is watching us. He's in the red car over there.»

Unwillkürlich sahen Henrietta und Alexander zu den Autos hinüber, konnten aber nichts erkennen. So groß ist der Ort ja nicht, dachte Henrietta, und bei dem Wetter ist man gern am Strand. Vielleicht ist das nur ein Zufall.

«We'll play for another five minutes», schlug Clare vor, «then Justin and I will walk to the old ruin. If shadowman follows us, then you follow him, o.k.?»

Alexander nickte. Auch Henrietta stimmte zu: «Am besten geht ihr zickzack. So, wie man normalerweise nicht zur Ruine gehen würde. Wenn er dann immer noch hinter euch hergeht, dann wissen wir, dass das kein Zufall ist.»

Justin lachte, als Henrietta *zickzack* sagte. Das bedeutete bestimmt *zigzag*, aber es klang viel härter als das englische Wort. «O.k., zigzag to the old ruin», stimmte er zu. «And we'll text each other all the time.»

«Am besten diesmal gleich ohne Klingelton», sagte Alexander.

Fünf Minuten spielten sie noch, aber weder Henrietta noch Alexander waren so richtig bei der Sache. Lauter Luftschläge, der Ball landete neben oder hinter ihnen im Sand. So sieht es wenigstens so aus, als wenn wir die Lust verlieren, dachte Henrietta.

«Come on Justin, we have to go», rief Clare laut, damit es auch jeder hören konnte. Die vier verabschiedeten sich voneinander, und Clare und Justin liefen den Strand entlang in Richtung Dorfstraße. Henrietta und Alexander schauten kurz zum roten Auto. Würde der Mann aussteigen?

«Don't turn around», wies Clare ihren Bruder an, als sie ein paar Schritte gelaufen waren, «the two will text us. We'll just walk and stop and walk and stop.»

Henrietta und Alexander bemühten sich, nicht auf das rote Auto zu starren. Das blieb noch eine Zeit am Strand stehen, dann fuhr es los, überholte Justin und Clare und steuerte in Richtung der kleinen Stichstraße, die vom Strand zur Dorfstraße führte. Enttäuscht wollte Alexander schon eine SMS losschicken, dass sie sich getäuscht hätten, als das Auto wieder stehen blieb. Gebannt blickten Henrietta und Alexander ihm nach und folgten langsam. Nach einigen Minuten liefen Justin und Clare am geparkten Auto vorbei. Einfach so, ohne hinzuschauen. Jedenfalls sah es für Henrietta so aus. Als Justin und Clare ungefähr fünfzig Meter in Richtung Dorfstraße gelaufen waren, stieg der blonde Mann aus dem Auto aus und zündete sich eine Zigarette an. Alexanders Handy vibrierte.

Is he walking now?

In diesem Moment setzte sich der Mann in Bewegung. Hinter Justin und Clare her. Henrietta und Alexander beeilten sich hinterherzukommen, sie wollten ihn ja nicht aus den Augen verlieren.

Yes – wir auch.

schrieb Alexander zurück.

Justin und Clare liefen die Dorfstraße hinauf und bogen dann links in die Straße zum Hafen ab. Vor *Kilcullen's Hot Seawater and Seaweed Baths*, einem flachen weiß gekalkten Gebäude mit großem Wintergarten, blieben Justin und Clare stehen und lasen die Aushänge im Fenster. Der Mann wartete auf der anderen Straßenseite in zwanzig Meter Entfernung und schaute über eine niedrige Mauer in Richtung des kleinen Hafens.

Buy some seaweed for alex? ;-)

erhielt Alexander die nächste Nachricht.

Hahahahaha

schrieb er zurück.

Clare und Justin setzten sich wieder in Marsch und bogen in die nächste Straße rechts und dann wieder rechts in Richtung Dorfstraße ein. Sie gingen jetzt etwas zügiger, der dicke blonde Mann musste sich anstrengen, um Schritt zu halten. Henrietta und Alexander beobachteten ihn aus der Distanz. Die Straße war voller B & Bs – Bed & Breakfasts, in denen man günstig übernachten und frühstücken konnte. Alle hatten sie Namen: *Sea View*, *St. Kevin's*, *Mount Pleasant*. Clare und Justin blieben vor einem mit dem irischen Namen *Ceol na Mara* stehen. Was das wohl heißt, fragte sich Henrietta, aber per SMS fragen wollte sie nicht.

Still there?

erschien auf dem Display.

Er ja, wir auch

schrieb Alexander zurück. Die Route führte über die Hauptstraße, auf der die Cassidy-Geschwister einer fast lebensgroßen Marienstatue in einem Glaskasten

viel Aufmerksamkeit schenkten, während der Schattenmann so tat, als ob er eine Zeitung im Laden auf der gegenüberliegenden Straßenseite durchblättern würde. Danach ging es am alten Schulhaus vorbei, das in moderne Wohnungen und Läden umgebaut worden war. Der Mann lief immer hinterher, Henrietta und Alexander mit Abstand auch. Aber als Justin und Clare schließlich quer über die Wiese zur Ruine stapften, drehte der Mann um. Er ging die Dorfstraße zurück. Alexander schrieb:

Ende. Mann geht zurück. Wir mit ihm

Sofort kam die Antwort zurück:

o.k.

Henrietta und Alexander folgten dem blonden Schattenmann die Dorfstraße hinunter zum Benbulben Hotel. «Der ist nach Haus gegangen», sagte Henrietta, «komm, das machen wir lieber auch. Mama und Paul warten sicher schon auf uns.»

«Had a good time?», begrüßte sie Paul, als Henrietta und Alexander in der Ferienwohnung ankamen.

«Yes», antwortete Henrietta kurz angebunden, «und ihr – wart ihr den ganzen Tag shoppen?»

«Fast den ganzen Tag», lachte ihre Mutter, «schau mal, was ich gefunden habe.» Sie öffnete eine große Tüte und nahm einen edel aussehenden roten Pullover heraus.

«Ist der denn irisch?», wollte Henrietta wissen.

«Glaube ich nicht, das ist Kashmir», Susanne schaute auf das Etikett. «Egal, heute kriegt man eben überall alles. Ballina is a great place for shopping, isn't it, Paul?» Alexander hatte Paul bei dieser Frage nicht aus den Augen gelassen. Nicht einmal gezuckt hatte der, als er «Yes, it is» antwortete. So ein Schauspieler! Und vom Thema lenkte er auch ab, denn er sagte zu Henrietta und Alexander: «Breakfast very early tomorrow, we have to pick up the boat in Carrick-on-Shannon by ten o'clock.»

Henrietta und Alexander sahen sich einen Moment verwirrt an. Ach richtig, morgen wollten sie ja mit einem Boot auf dem Fluss Shannon herumfahren. Ein Freund von Paul wollte es ihnen einen halben Tag zur Verfügung stellen. Darauf hatte Henrietta sich eigentlich gefreut, aber im Augenblick wollte sie lieber in Enniscrone bleiben und herausfinden, was die Männer vorhatten.

Auch Alexander runzelte die Stirn. «Wie heißt denn das Boot?», fragte er beiläufig. «Vielleicht Mother Hubbard?»

Paul sah sie einen Moment erstaunt an: «What gives you that idea?», fragte er.

Susanne lachte: «Oder Tom, the piper's son?»

Pauls Gesichtsausdruck entspannte sich: «I see», sagte er, «sorry, but there are no more nursery rhymes, Tom was the last one.»

10
Alive, alive, o! – Diebe, aber wo?

Statt über die Nationalstraße fuhr Paul mit den dreien eine Straße entlang, die auf der Landkarte nur mit einer dünnen gelben Linie eingezeichnet war. Der Weg führte zuerst durch eine wilde kahle Landschaft. Am Straßenrand grasten Schafe mit roten oder blauen Punkten im Fell. «This is what Ireland looked like twenty years ago», erklärte er, «before it became a rich country.» An einer Kreuzung bogen sie in eine andere enge Straße ab und fuhren an vielen Weiden mit schwarz-weißen Kühen vorbei, ab und an überholten sie einen Trecker. Paul fing an zu singen:

> In Dublin's fair city
> where the girls are so pretty,
> I first set my eyes on sweet Molly Malone,
> as she wheeled her wheelbarrow

through streets broad and narrow,
crying: «Cockles and mussels, alive, alive, o!»

«Kennt ihr das?», fragte Susanne Henrietta und Alexander, «*Cockles and mussels* sind Muscheln, und die werden von Molly Molone verkauft, die mit einem Karren durch die Stadt zieht. Und der Refrain ist ganz einfach.» Sie sang:

«Alive, alive, o! Alive, alive, o! Alive, alive, o!»
Crying: «Cockles and mussels, alive, alive, o!»

Paul sang weiter:

She was a fishmonger,
but sure 'twas no wonder,
for so were her father and mother before;
and they each wheeled their barrow
through streets broad and narrow,
crying: «Cockles and mussels, alive, alive, o!»

Bei dieser und der nächsten Strophe sangen auch Henrietta und Alexander den Refrain mit: «‹Alive, alive, o! Alive, alive, o! Alive, alive, o!› Crying: ‹Cockles and mussels, alive, alive, o!›»

In einem Ort namens Tobercurry hielten sie an und suchten ein Café. «Look at this», lachte Paul und zeigte auf ein Restaurant, «an Indian restaurant, in the middle of nowhere in Ireland!»

«But the village is called Tobercurry», antwortete Susanne mit Betonung auf *curry*, «just the right place for an Indian restaurant.»

«Oh you translators», stöhnte Paul, «always doing funny things with languages.»

Sie sahen auf die Speisekarte im Schaufenster. «They have tea and scones too», sagte Paul, «not just curry.» Sie gingen hinein und setzten sich an einen der Tische. Bald brachte eine freundliche Frau einen Pott Tee für Paul und Susanne und zwei große Tassen *hot chocolate* für Henrietta und Alexander. Und vier handtellergroße runde *scones*, braun gebackene, süße Brötchen, die warm serviert wurden.

«Mhmm», machte Henrietta, als sie den ersten Bissen im Mund hatte. Alexander pulte noch misstrauisch die Rosinen aus seinem *scone* und beobachtete, wie seine Mutter ihren durchschnitt und dick mit Butter und Marmelade bedeckte. «Ach mein Prinz auf der Rosine», schüttelte Susanne den Kopf, «du stirbst schon nicht, wenn du mal eine Rosine isst.» Henrietta nahm Alexanders rausgepulte Rosinen von seinem Teller und stopfte sie in ihren *scone*.

«I'll bake you some scones without raisins for breakfast tomorrow», munterte Paul Alexander auf, und als er Susannes ungläubiges Gesicht sah, fuhr er fort: «It's very easy. I have a recipe from my aunt. 20 minutes in the oven and you have delicious homemade scones.»

«Das glaube ich erst, wenn ich's sehe», raunte Susanne ihren Kindern zu. «Paul will uns morgen zum Frühstück *scones* backen. Ihr habt's gehört, ihr seid Zeugen.»

Wir könnten noch ganz was anderes über Paul bezeugen, dachte Henrietta, aber das sagte sie lieber nicht. Wahrscheinlich gab es eine einfache Erklärung für alles, und sie wollte ihre Mutter nicht durcheinander bringen. Sie schien recht glücklich zu sein mit Paul.

Paul nahm das Lied wieder auf, als sie in Richtung Carrick-on-Shannon weiterfuhren:

> She died of a fever,
> and no one could save her,
> and that was the end of sweet Molly Malone;
> but her ghost wheels her barrow
> through streets broad and narrow,
> crying: «Cockles and mussels, alive, alive, o!»

und die drei Beckers stimmten in den Refrain ein: «‹Alive, alive, o! Alive, alive, o! Alive, alive, o!› Crying: ‹Cockles and mussels, alive, alive, o!›»

«Nochmal», kommandierte Henrietta, «ich will auch den Text können.» Und bald beherrschten Henrietta und Alexander auch einen Teil der Strophen.

«On our way back to Dublin next week Henrietta and Alexander will sing the whole song and Susanne and I will do the chorus», sagte Paul. Er war beeindruckt davon, wie schnell die beiden den Text behielten.

Bei all dem Singen verging die Zeit wie im Fluge. Bald waren sie am Ziel angekommen, in der kleinen Stadt Carrick-on-Shannon, durch deren Mitte der berühmte Fluss Shannon floss. Sie war, so erzählte Paul, eine Hochburg des Boot-Tourismus in Irland. Plötzlich staute sich der Verkehr an einer engen Brücke, und obwohl es erst Viertel nach neun war, hatten sie Schwierigkeiten, einen Parkplatz zu finden. «Change-over day», erklärte Paul, «the end of their holidays for some tourists, the beginning for others, that's why all these mini-buses are here.» Tatsächlich parkten überall kleine Busse, die Grüppchen von Touristen zu den Booten brachten, die an der Marina festgemacht waren.

«Und so viele Polizeiautos», bemerkte Alexander und zeigte in Richtung Hauptstraße.

«I don't know why they are there», knurrte Paul. Er kurvte einige Male durch die engen Seitenstraßen, bis er endlich einen Parkplatz gefunden hatte. Sie waren über eine halbe Stunde vor der Verabredung mit Pauls Freund angekommen. Paul schlug vor, in das Landmark Hotel gegenüber der Brücke zu gehen.

«Tea and scones for you again», neckte er Alexander,

aber der konterte nur: «No. Ice cream – und zwar *large*.»

Als sie bei einer jungen Kellnerin mit großen grünen Ohrringen ihre Bestellung aufgaben, fuhren zwei Polizeiautos mit Blaulicht vorbei. «They are very busy today», sagte das Mädchen, «they still haven't caught those thieves.»

«Thieves?», riefen Henrietta und Alexander fast gleichzeitig. Die Kellnerin erklärte, dass zwei wertvolle Gemälde aus einem der großen Landsitze außerhalb der Stadt gestohlen worden waren. Und niemand hatte reagiert, als das Haus Tage zuvor von einem verdächtigen Mann umschlichen und mehrfach fotografiert worden war. «It's all on the front page of the local newspaper», sagte die Kellnerin, die sich wunderte, dass die vier das noch nicht in der Zeitung gelesen hatten. Henrietta überlegte gerade, wie sie möglichst beiläufig fragen konnte, ob der Fotograf auch im Haus gewesen war, da schien Paul das Thema zu wechseln. «Nice weather for a boat trip, isn't it?»

Henrietta sah sich um. Auf einem der unbesetzten Tische auf dem Weg zur Tür mit der Aufschrift *Ladies* lag eine Zeitung. «Wir haben so viel auf der Fahrt hierher getrunken. Ich glaub, ich muss mal.» Sie stand auf, nahm die Zeitung und ging zur Toilette.

Auf dem Titelblatt der Zeitung stand in riesigen Buchstaben VICTORY FOR SLIGO mit einem großen Bild der Hurlingspieler in ihren schwarz-weißen

Trikots, aber gleich auf der zweiten Seite fand sie, was sie suchte. Zwischen großen Fotos von zwei Gemälden stand ein kleiner Text:

No trace of paintings

Two days have passed and there is still no sign of the two paintings stolen from the Fitzpatrick mansion. The police has no trace of the thieves or the paintings and they have not yet held any suspects for questioning. But more and more interesting facts are coming out into the open. Three days before the robbery a man was seen observing the house and taking pictures. He was very tall and thin and some witnesses say he had a moustache. The police is optimistic. As a spokeswoman for the Co. Leitrim police said this morning: «The paintings are very famous, and the thieves will have a difficult time trying to sell them.»

Schnell tippte sie in ihren *pocket translator* einige Wörter ein – *trace* war Spur, *sign* Zeichen, *suspects* Verdächtige, *observe* beobachten – dann hatte sie ungefähr verstanden, was in dem Artikel stand. Sie schrieb eine SMS an Justin und Clare:

> Thieves in carrick-on-s. observed a mansion,
> then stole paintings.
> One man: tall, moustache
> Sind das unsere maenner?

Zufrieden sah sie auf das Display. Schön viel Englisch stand da. So einfach ist das, wenn man abschreiben kann, dachte sie und schickte die Nachricht ab. Sie nahm die Zeitung, legte sie auf den Tisch zurück und setzte sich zu den anderen. Zufrieden lächelte sie ihrem Bruder zu, der inzwischen sein großes Eis verdrückt hatte.

Als sie schließlich zum Boot gingen, ließen sich die beiden ein wenig zurückfallen. «Das passt genau», sagte Alexander, als Henrietta ihm von dem Zeitungsartikel berichtete. Schnell schrieb er eine SMS an Justin und Clare:

> 8.30 tomorrow, bp

«All on board», kommandierte Paul, als er von seinem Freund die Schlüssel für das Boot übernommen hatte. Eine halbe Stunde später lag Henrietta auf dem Deck und ließ sich von der Sonne bräunen. Ganz ruhig lag sie da, hörte das leise Plätschern der Wellen und döste ein. Vor ihrem inneren Auge fuhr ein riesiges Segelschiff auf sie zu. Ein großer dünner Mann mit Schnurrbart und Augenklappe hielt ein Gemälde in die Höhe, auf dem ein Karren mit Muscheln zu sehen war. «Catch me if you can!», rief der Mann Henrietta zu und lachte.

11
Food for pets – und andere Mother Hubbards im Netz

«Wir haben uns mit Justin und Clare verabredet.» Diesmal waren Henrietta und Alexander schon fast auf dem Weg nach draußen, als ihre Mutter aus dem Schlafzimmer kam und sie erstaunt fragte, was sie denn schon so früh vorhätten.

«Schön, dass ihr euch mit denen angefreundet habt.» Sie gähnte. «Seid ihr zum Mittagessen wieder da?»

«Wir wollten mit Justin und Clare zu dem Fish and Chip Shop gehen», antwortete Henrietta, «und diesmal bringen wir denen bei, dass sie die Pommes ohne Essig machen sollen. Was hieß nochmal Essig?»

«Vinegar.»

Während Henrietta noch überlegte, was sie nachher sagen musste, zog Alexander sie am Arm.

«Komm, wir wollen los.»

Schnell rannten die beiden die Straße entlang. Justin und Clare warteten schon am schwarzen Schwein. Seit Henrietta gestern die SMS aus der Toilette in Carrick-on-Shannon geschickt hatte, war zwischen den vieren eine ganze Reihe von Texten hin und her gegangen. Am Schwein fassten sie noch einmal zusammen, was sie jetzt wussten. Es gab einen Bilderdieb, der bisher aus mindestens einem großen vornehmen Haus Gemälde geklaut und das Haus vorher fotografiert hatte. Er war groß und hatte eventuell einen Schnurrbart.

«And a tall man with a moustache went with our blond shadow to the mansion here in Enniscrone and took pictures», sagte Clare.

«Ja, aber er ging auch rein und redete mit jemandem drinnen», entgegnete Henrietta, «und das macht man als Dieb normalerweise nicht, oder?»

«Or it's a very special trick. Maybe he wanted to sell them something», versuchte Justin, den Einwand zu widerlegen.

«Maybe insurance for their paintings – against them being stolen», unterstützte Clare ihren Bruder. Henrietta rief in ihrem *pocket translator* das Wort *insurance* auf. *Versicherung.* Sie lachte. «Das wär natürlich Klasse, wenn der als Dieb so tut, als ob er einer von diesen Versicherungsmenschen

ist und dabei auskundschaftet, wie er die Bilder am besten klauen kann.»

Als Justin und Clare sie fragend ansahen, zeigte sie ihnen einfach das Display.

«Vairsickerung», versuchte Clare, das Wort auszusprechen. «And what was the word you just said? It was even longer.»

«Versicherungsmenschen – *Menschen*, nicht *mansion*, Menschen, people who work for the insurance.»

Justin schüttelte den Kopf. «Crazy German language, such long words.»

«Das ist nicht lang», antwortete Henrietta, «es geht noch viel länger.» Sie überlegte einen Augenblick. «Diebstahlsversicherungsmensch.»

«Der Mensch heißt eigentlich Versicherungsvertreter», übertrumpfte sie Alexander, «und es geht noch länger, Diebstahlsversicherungsvertreterversammlung!»

«Gemäldediebstahlsversicherungsvertreterversammlung!», setzte Henrietta noch einen drauf.

«Stop it!», rief Justin dazwischen. «We don't know what he said, but he went into the mansion. And that's not normal for a thief. What else do we know?»

Sie überlegten noch einen Augenblick. «Wir wissen noch was», erinnerte sich Alexander, «wir wissen jetzt, dass der Mother Hubbard *clue* garantiert nichts mit uns zu tun hatte.»

Die drei anderen sahen ihn fragend an. «Schon vergessen?», fragte er Henrietta. «Als wir vorgestern Abend nach der Verfolgung zur alten Ruine nach Hause kamen, haben wir Paul doch nach Mother Hubbard gefragt. Und was hat er geantwortet?» Er machte eine kleine Kunstpause. Wenn Henrietta schon das längere Wort einfiel, dann wollte er zeigen, dass er das bessere Gedächtnis hatte. «Er sagte so was wie ‹I am sorry but no more nursery rhymes, Tom was the last one›. Also war *AH, Mother Hubbard's, 23 August, 17.00* kein *clue* für uns.»

«But who was it for, then?», fragte Clare.

«Mother Hubbard, immer diese Mother Hubbard», dachte Henrietta laut vor sich hin, «der Zettel in Leisureland ...»

«... and Paul and the elegant American were talking about Mother Hubbard ...», fügte Justin hinzu,

«... und der und unser blonder Schattenmann, die ausgerechnet im Leisureland über Mother Hubbard redeten», führte Alexander die Aufzählung weiter.

«Maybe it has nothing to do with the *nursery rhyme*», überlegte Clare, «maybe somebody or something else is called Mother Hubbard. And if we find out what it is, it will all make sense.»

«Will all *what*?», fragte Henrietta nach.

«Will make sense, ah, will ...», Clare suchte nach einer Umschreibung, fand aber keine. Hilflos blickte sie ihren Bruder an. Aber auch Justin fiel kein anderer Ausdruck ein. «Pocket translator again», seufzte er, «good job that Paul bought you one.»

Make sense fand Henrietta nicht, aber bei *sense* stand «Sinn». Sinn machen und nicht Sense machen, immerhin, das passte. «Gut», schlug sie vor, «let's make sense. Wir gehen ins Internet-Café und kucken, was ‹Mother Hubbard› sonst noch so alles ist.»

Kurze Zeit danach drängten sich die vier vor einem Bildschirm. Ungefähr 404 000 Einträge meldete die Suchmaschine auf ihre Anfrage nach «Mother Hubbard».

«Da finden wir bestimmt was.» Alexander war optimistisch. Der erste Eintrag hatte auf den ersten Blick nicht viel mit dem *nursery rhyme* zu tun: ‹Old Mother Hubbard (OMH) is a respected leader in the pet food industry›.

«Was ist *pet*?», wollte Alexander wissen. Clare miaute, Justin bellte. «Danke», lachte Alexander, «schneller als der *pocket translator*.» Er klickte den Link an:

Old Mother Hubbard (OMH) is a respected leader in the pet food industry. The company's flagship products are the **Old Mother Hubbard®** line of baked dog biscuits and gourmet treats, and the **Wellness®** brand of dog foods and treats, and cat foods.

«Tierfutter – klar. Mother Hubbard's Schrank war leer, sie konnte ihrem Hund nichts zum Fressen geben, deshalb der Name. Witzig. Aber passt dazu eine Million?», fragte Henrietta skeptisch.

«Your prize if you get the clue – one million tins of cat food!» Clare machte einen der überdrehten Moderatoren im Fernsehen nach, wenn sie bei einem Quiz den ersten Preis verkündeten.

Alexander hatte inzwischen den zweiten Link angeklickt. Es war der Text von dem *nursery rhyme* «Old Mother Hubbard», verziert mit schönen Bildern von einem Hund und einer alten Dame.

Die nächsten Links zeigten die Homepage einer Rockband namens «Mother Hubbard», die eines Health Food Shop und eines Möbelladens:

Mother Hubbard's Cupboards specializing in baby furniture, children's furnishings and kids' bedroom sets perfect for babies, kids, and teens

«How sweet», bemerkte Clare spöttisch, «calling a shop with kid's furniture ...» Sie wurde von Alexander unterbrochen, der schon beim nächsten Link war und aufgeregt rief: «Das muss es sein!»

Er zeigte auf den Bildschirm, die Kurzankündigung lautete: «Mother Hubbard's Restaurants – Ireland's most famous truck stop and restaurant – restaurants in Moyvalley, Oranmore, Kilcolgan, Cashel and Wexford; more opening ...» Er klickte die Seite und von dieser dann die *Location*-Seite an:

- Home
- About Us
- Menus
- Locations
- News
- Careers
- Links
- Contact Us

Welcome to Mother Hubbards, Ireland's most famous Truckstop and Roadside Restaurants!

Since 1977, we have been committed to providing a friendly, relaxed atmosphere in which our customers can enjoy a **great dining experience**. We offer a well-balanced menu which will please any group, large or small, at any time of day. We source most of our food from local suppliers. As we expand our operations around Ireland, our focus remains the same – good food, good service and great prices.

Click here to find out more about us

Great food worth stopping for

Thank you for stopping by

- Home
- About Us
- Menus
- Locations
- News
- Careers
- Links
- Contact Us

Click on a location on the map of Ireland below – **More opening soon:**

Cashel   Kilcolgan   Wexford

«Kannst du dich noch erinnern, Hetti», wandte er sich an seine Schwester, «auf der Hinfahrt von Dublin hatten wir in einem Café in Kinnegad Pause gemacht. Ich erinnere mich noch genau, denn ich hatte mich gewundert, warum der Ort *Kindergarten* oder so ähnlich hieß, so wie Paul das ausgesprochen hatte. Und Paul hatte gesagt, dass wir auch auf der Rückfahrt in der Nähe Rast machen würden, und zwar bei einem echten *truck stop*, wo die Lastwagenfahrer Pause machen. Und was ist dieses Mother Hubbard hier? Ein *truck stop*! Und wann ist unsere Rückfahrt? Am 23., so wie das Datum auf dem Zettel! Das ist unsere Mother Hubbard! Und wir könnten sogar um 17.00 Uhr da sein. Dann hat der Zettel doch etwas mit Paul zu tun, oder?» Er hatte sehr schnell geredet. Henrietta sah auf die fragenden Gesichter von Justin und Clare – wie lange würden sie wohl brauchen, bis sie das den beiden erklärt hatten? Aber Recht hatte Alexander – das konnte die richtige Mother Hubbard sein.

12
A dangerous cow
und ein verrückter Handyklau

Es dauerte tatsächlich ziemlich lange, bis Henrietta und Alexander es geschafft hatten, Justin und Clare zu erklären, was Alexander so schnell gesagt hatte. Dann stellte Justin enttäuscht fest: «So, we now have to wait till the 23rd of August. And Clare and I won't even be in that truck stop.»

Henrietta nickte: «Sieht so aus.»

Sie verließen das Internet-Café. Irgendwie war die Luft raus. Missmutig kickte Justin ein paar Steine die Straße entlang. «Trotzdem muss es eine Verbindung zwischen Enniscrone und Mother Hubbard geben», versuchte Henrietta die Stimmung aufzuheitern, «schließlich haben wir den Zettel hier gefunden, und alle möglichen Leute sprechen darüber – einschließlich Paul. Wir sollten am Ball bleiben.»

Justin verstand nicht, von was für einem Ball Henrietta sprach – wollte sie Hurling spielen gehen? Aber er hatte keine Lust zu fragen. Das war ihm zu viel Deutsch auf einmal und all der Aufwand scheinbar umsonst. Er trottete hinter den drei anderen her.

Henrietta und Alexander erzählten Clare, dass sie

ihrer Mutter immer noch nicht gesagt hatten, dass sie Paul mit dem Amerikaner in der Kneipe gesehen hatten, obwohl der doch angeblich mit ihr in Ballina war. «Irgendwie ist das komisch, aber ich möchte meiner Mutter nicht sagen, dass mit Paul etwas nicht stimmt», sagte Henrietta bestimmt, «seit sie mit ihm zusammen ist, ist sie richtig gut drauf.» Als sie sah, dass Clare sie nicht ganz verstanden hatte, ergänzte sie: «‹Gut drauf›, das ist so wie *happy*.»

Clare nickte. «I know my uncle very well. He wouldn't do anything stupid», unterstützte sie Henrietta. «But don't talk to *her* – talk to *him*.» Henrietta und Alexander stimmten zu, ja, sie würden ihn heute Abend einfach fragen.

«Come on», schlug Clare vor, «let's forget Mother Hubbard. I'm hungry. Let's go to the chipper for fish and chips. Lots of vinegar for me, please.»

«Uaaaaggghhhh!», machten Henrietta und Alexander gleichzeitig.

Sie holten sich *fish and chips*, Justin und Clare mit lots *of vinegar*, Henrietta und Alexander *without vinegar*. Das war das Beste, was sie erreichen konnten

– Pommes rot-weiß war nicht drin. Die Detektivarbeit machte hungrig, die Pommes waren schnell verputzt, mit und ohne Essig.

«Let's go to the old ruin», schlug Clare danach vor, «we'll have a good view of the mansion.»

«Good idea», unterstützte Justin sie, «I'll get the binoculars from home.» Er lief los. Henrietta und Alexander sahen sich und Clare verwirrt an, aber die sagte nur «follow me».

Die Ruine war der höchste Punkt des Ortes. Um dorthin zu gelangen, durchquerten sie erst ein offenes Feld. Danach folgten sie einem Trampelpfad, der an einem Sportplatz mit Hurling-Toren vorbeiführte. Dann kamen sie zu der Wiese, an der der blonde Schattenmann vorgestern aufgehört hatte, Justin und Clare zu verfolgen. Sie waren nicht allein: Eine größere Anzahl schwarz-weißer Kühe stand zwischen ihnen und der Ruine. «They are not dangerous», lachte Clare, als sie merkte, dass sich Henrietta und Alexander in deren Anwesenheit offensichtlich nicht sehr wohl fühlten, «they're only cows.»

«Was heißt hier ‹nur› Kühe», knurrte Alexander, «die

sind ganz schön groß und kucken nicht gerade besonders freundlich.»

Clare schüttelte den Kopf. «They won't eat you», versicherte sie.

Vorsichtig gingen Henrietta und Alexander weiter. «Früher oder später werden wir euch essen, nicht umgekehrt», machte sich Alexander Mut.

Hinter ihnen kam Justin angelaufen, ein großes Fernglas in der Hand. Aha, das also waren *binoculars,* dachte Henrietta. «Why are you so slow?», wollte er wissen.

«Our German friends are afraid of cows», lachte Clare.

«Sind wir nicht», protestierte Henrietta und ging entschlossen einige Schritte schneller.

«No», scherzte Justin, «we know you love animals. At least pigs!» Alle mussten lachen, als sie an ihre erste Begegnung am schwarzen Schwein dachten.

Die Ruine war von einem niedrigen Zaun umgeben. «Careful», warnte Clare, «it's an electric fence. To keep the cows out.» Sie stiegen vorsichtig über den dünnen, stromgeladenen Zaun. «We're in a cow free zone now», verkündete Justin, «so relax.»

Die Ruine war früher wohl eine Kirche gewesen, aber wann und warum sie zerstört wurde, wussten Justin und Clare nicht. «There are so many old ruins in Ireland», sagte Justin, «this one isn't important.» Abwechselnd hielten sie mit dem Fernglas das große Haus im Auge. Zwischendurch erklärten Justin und Clare, was man sonst noch von da oben sehen konnte. «See that building down there with the blue roof?», fragte Clare. «That's ‹Waterpoint›, a great swimming pool.»

Durch das Fernglas sah Alexander ein großes, dickes blau-weißes Rohr, das aus dem Schwimmbad heraus- und dann wieder in das Gebäude hineinführte. Wahrscheinlich eine Rutsche, dachte er. Er drehte sich langsam um die eigene Achse, sah grüne Felder, niedrige Steinmauern, Sträucher, langes Gras, Kühe und Brombeerhecken an sich vorbeiziehen, bis er das große Haus wieder im Visier hatte. Da tat sich gar nichts. Oder doch? «Schaut mal», sagte Alexander, «das Paar da.»

Ein mittelgroßer Mann und eine eher zierliche Frau spazierten auf das große Haus zu. Er hatte einen Rucksack auf dem Rücken, in den Händen hielt er ein Gerät, auf das er ständig starrte, während er mit der Frau sprach. Keiner der vier hatte so ein Gerät je gesehen. Was war das? Ein Palmtop? Ein Mini-Fernseher? Seine Begleiterin hielt eine Karte in der Hand. Plötzlich machte der Mann ein Zeichen, und beide blieben stehen. Die Frau holte eine Kamera hervor und machte ein Foto. «Habt ihr das gesehen?», rief Alexander. «Wieso will jeder ausgerechnet dieses Haus fotografieren?» Während Clare das Fernglas übernahm und sich die beiden genauer anschaute, fotografierte Alexander das Paar mit seinem Handy.

Nachdem der Mann und die Frau am Haus vorbeigegangen und verschwunden waren, tat sich lange nichts. «Lass uns nach Hause gehen», sagte Alexander mit Blick auf sein Handy.

Auf dem Weg nach Hause bogen die vier von der Dorfstraße in Richtung Strand ein. Plötzlich kam wie ein Blitz ein Jogger um die Ecke und rannte Alexander mit voller Wucht um. Der stürzte zu Boden, doch der Jogger lief einfach schnell weiter. «Hey», rief Justin ihm nach, «look where you're going!», aber die Figur im Jogginganzug mit der Kapuze über dem Kopf schaute sich nicht einmal um.

«Aua», stöhnte Alexander, der unglücklich auf den Bordstein gefallen war. Sein Unterarm hatte eine Platzwunde und blutete.

«Are you o.k.?», fragte Clare besorgt und half ihm auf.

Alexander biss die Zähne zusammen und sagte: «Halb so schlimm.» Er holte ein Taschentuch aus seiner Hosentasche, um das Blut abzuwischen. Sein Handy war nicht mehr da! Er suchte den Boden ab, doch da lag es nicht. Das konnte doch nicht sein! Hatte der Jogger ihm etwa sein Handy geklaut?

13
In der Praxis von Dr. Nolan – what else will be stolen?

Die anderen konnten nicht glauben, dass das Handy wirklich weg war.

«Was your mobile in another pocket?», fragte Clare. Alexander drehte alle Taschen um, aber das Handy blieb verschwunden. Sie suchten noch einmal die Umgebung des Sturzes ab – vergeblich.

«Also hat der Jogger dich umgestoßen, um das Handy zu klauen», sagte Henrietta langsam, als würde sie ihrem Schluss selbst nicht trauen.

«Hey, do you think it was that couple?», fragte Justin. «You know, the ones you took a picture of? Maybe they didn't want to be photographed.»

«Ach komm, Justin, du glaubst doch nicht, dass sie gemerkt haben, dass Alex sie von der Ruine aus fotografiert hat, oder?», widersprach Henrietta.

Das Blut tropfte immer noch von Alexanders Arm, und er wurde zunehmend blasser.

«Ich bring dich jetzt nach Hause», sagte seine Schwester bestimmt.

«Shall we come with you?», fragte Justin.

«Nein, lass man. Ich schicke euch eine SMS», antwortete sie. «Äh, I'll text you», sagte sie stolz auf Englisch, als sie Clares fragendes Gesicht sah.

«Gesundheit», rief Clare den beiden nach, als sie die Straße zur Ferienwohnung hinunterliefen. Sie war sich zwar nicht sicher, ob das in dieser Situation der richtige Ausdruck war, denn Martina hatte das immer gesagt, wenn sie geniest hatten, aber schaden konnte es ja nicht.

«No arguments, young man, it's off to the doctor with you», sagte Paul gleich, als die beiden zu Hause angekommen waren und er Alexanders Arm sah. Alexander fand das nicht nötig, aber auch seine Mutter war sofort der Meinung, dass so eine tiefe Wunde von einem Arzt richtig sauber gemacht und eventuell genäht werden müsse. Henrietta ging natürlich mit. «Wie ist das passiert?», wollte Susanne im Auto auf dem Weg zum Arzt wissen. Und als Henrietta und Alexander von dem rücksichtslosen Jogger erzählten und Susanne für Paul übersetzte, sagte der nur: «What is the world coming to! Joggers! People on holidays should be relaxed, not running into kids.»

Im Warteraum von Doktor Nolans Praxis lagen viele Zeitungen und Zeitschriften aus. Eine freundliche ältere Frau, die sich als Nurse Irene vorstellte, zeigte auf die Zeitungen, sagte aber gleich: «You won't have to wait too long.»

Auf der Titelseite des *Sligo Champion* stand ein

kurzer Artikel über den Gemäldediebstahl in Carrick-on-Shannon. «Still no trace of Fitzpatrick paintings», lautete die Überschrift. Henrietta wollte sich gerade den Artikel näher anschauen, als Nurse Irene sagte: «A terrible business, that.»

«What?» Susanne wusste nicht, was die Schwester meinte.

«That Fitzpatrick robbery. Valuable paintings stolen and still no sign of the robbers or the paintings.»

Susanne murmelte, sie interessierte ihr verletzter Sohn im Augenblick mehr als irgendwelche Diebstähle, aber Paul antwortete: «Yes, we heard about it yesterday. Terrible.» Er schaute besorgt auf Alexander: «How long will we have to wait?», fragte er die Schwester.

«Only a few minutes», antwortete sie freundlich und fuhr dann fort: «My cousin knows Mrs Fitzpatrick.»

«Hm», nickte Susanne, die kaum zugehört hatte. «Geht's noch?», wandte sie sich an ihren Sohn. Der nickte stumm.

Nurse Irene ließ sich nicht so schnell von ihrem Thema abbringen. Ihrer Meinung nach war niemand sicher, bis die Diebe gefangen wurden.

Henrietta schaute von der Zeitung hoch. «Is there ... äh, are there many mansions?», fragte sie.

«We even have one in Enniscrone», antwortete die Krankenschwester.

«What do we have in Enniscrone, Irene?» Dr. Nolan trat gerade ein.

«A mansion, doctor, with valuable paintings. We were talking about the robbery.»

Susanne stand auf und nahm Alexander an der Hand.

«Ah yes», sagte der Arzt, «You mean Hunsfield House. But I'm sure the Corrigans are being very careful since the Fitzpatrick robbery.»

«Hunsfield House?», fragte Paul. «But that's ...»

Der Arzt unterbrach ihn und wandte sich Alexander zu. «But now to this young man. What happened? Did you fall off your bicycle?»

«No», antwortete Alexander, während er und seine Mutter dem Arzt ins Sprechzimmer folgten, «äh ...»

«A jogger ran into him and then didn't even stop», antwortete seine Mutter für ihn.

Der Arzt schüttelte den Kopf. «What is the world coming to! Run over by a jogger here in Enniscrone!»

Hunsfield House, the Corrigans? Ob Clare und Justin die kannten? Henrietta hätte ihnen am liebsten gleich eine SMS geschickt, aber Pauls Reaktion verunsicherte sie.

«Kennst du Hunsfield House?», fragte sie ihn direkt. Ob das wieder etwas mit den komischen Männern und Mother Hubbard zu tun hatte?

«Em, well, not really», Paul klang nicht sehr glaubhaft, «I have heard the name somewhere. Anything interesting in the newspaper?», wechselte er das Thema.

14
Secret business for the bank about Mother Hubbard's Schrank

Auf dem Weg nach Hause wollten Paul und Susanne ganz genau wissen, was eigentlich passiert war. «Tell us step by step», forderte Paul die Kinder auf.

Als Henrietta die Sache mit dem verschwundenen Handy erzählte, fragte Susanne: «Glaubst du denn, dass das ein Überfall war? Dann müssen wir zur Polizei gehen.»

Henrietta sah Paul herausfordernd an: «Well Paul, sollen wir zur Polizei gehen?»

Paul stutzte: «Yes, maybe the jogger is a member of a gang which steals mobile phones.»

«Tja, maybe he's a member of the Mother Hubbard gang», fuhr Henrietta feindselig fort.

«Mother Hubbard, Mother Hubbard, was ist denn hier dauernd mit Mother Hubbard?», fragte Susanne irritiert und blickte besorgt auf ihre Tochter.

«Frag Paul», mischte sich jetzt Alexander ein, der bisher ruhig auf dem Rücksitz neben Henrietta gesessen und seinen Arm gehalten hatte.

Susanne wurde immer verwirrter. «Was hat denn Paul mit Mother Hubbard zu tun, das ist doch ein

Kindervers!», antwortete sie und wandte sich dann an Paul: «What is all this about Mother Hubbard?»

Paul fuhr den Wagen gerade auf den Parkplatz vor der Ferienwohnung. Er sah aus, als ob ihm nicht wohl in seiner Haut war. «It's time to talk», sagte er stockend, «but let's go up into the apartment first.» Henrietta und Alexander waren gespannt, was Paul jetzt sagen würde.

«So», sagte Susanne ernst, als sie in ihrer Wohnung angekommen waren, «und jetzt will ich wissen, was los ist. Henrietta, fang an!»

Henrietta warf Alexander einen kurzen Blick zu, der nickte. Dann legte Henrietta los. Sie erinnerte an den ersten *clue* im Kühlschrank, den zweiten bei den Rettungsschwimmern und den Gutschein für das Leisureland am schwarzen Schwein und sagte dann: «Und da fängt die Geschichte an. Erst findet Alexander im Leisureland einen neuen *clue* mit ‹Mother Hubbard› drauf, dann reden da zwei Männer über Mother Hubbard und eine Million Euro ...»

«Und dann verfolgt der blonde Mann Justin und Clare», übernahm Alexander die Geschichte, «und ...»

«Halt, nicht so schnell», unterbrach ihn Susanne und sah zu Paul, «ich muss zwischendurch mal für Paul übersetzen.»

«Susanne and I didn't write a Mother Hubbard clue», sagte der, als Susanne Henrietta und Alexanders Erzählung zusammengefasst hatte.

«Das wissen wir inzwischen auch», fuhr Henrietta fort. «Das hast du uns vorgestern ja selbst gesagt. Aber das ist noch lange nicht alles. Also, der blonde Mann hat Justin und Clare beschattet. Und dann ging es erst richtig los: Der Schattenmann ist mit einem anderen, einem großen mit Schnurrbart, zu dem *mansion* am Dorfrand gegangen und hat es fotografiert, genau wie der Dieb in Carrick-on-Shannon und ...»

«Und den anderen Mann aus Leisureland, den eleganten Amerikaner, haben wir auch wiedergesehen», unterbrach Alexander seine Schwester, um seinen Teil der Geschichte zu berichten, «Justin und ich haben ihn nämlich bis in die Pilot's Bar verfolgt, und wisst ihr, mit wem er da gesprochen hat?» Er machte eine Kunstpause und holte tief Luft.

Susanne nutzte die Gelegenheit und fasste alles für Paul zusammen. Der sah plötzlich ziemlich niedergeschlagen aus. «O.k., I'll explain.»

Sechs Augen richteten sich gespannt auf ihn. Was wollte er erklären? Er kratzte sich am Kopf. Offensichtlich wusste er nicht so recht, wie er anfangen sollte. «Well Susi, remember before we came here I promised you something», begann er sein Geständnis. Susanne nickte. «Er hatte versprochen, während des Urlaubs nicht zu arbeiten», erklärte sie Henrietta und Alexander. Sie war der Meinung, dass er sowieso viel zu viel tat, deshalb sollte er sich wenigstens in den Ferien mal richtig erholen. Trotzdem hatte er den

Laptop und den Drucker mitgenommen. Aber was das alles mit Mother Hubbard zu tun haben sollte, verstand sie noch nicht.

Nun komm schon, dachte Henrietta, erzähl uns doch, warum du in der Kneipe den eleganten Amerikaner getroffen hast. Endlich sprach Paul weiter. Er hatte zwar versprochen, dass er auf keinen Fall arbeiten würde, aber er musste dann doch ein Gespräch mit einem amerikanischen Filmproduzenten, George O'Hanlon, einschieben, weil seine Bank dem eventuell einen Kredit für seinen Film geben wollte. Das wollte er Susanne nicht erzählen, deshalb hatte er ihr in Ballina gesagt, dass er nicht so gerne in Geschäfte gehe und für zwei Stunden ein bisschen spazieren gehen wolle. Tatsächlich hatte er sich aber mit O'Hanlon getroffen. «I'm really sorry, Susi, I should have told you. But believe it or not», schloss Paul seine Beichte ab, «part of the story is about a robbery in Enniscrone – jewelry and some paintings. The title of the film is ‹Mother Hubbard's Cupboard›, because the old lady who owns the mansion in the film is called Mrs. Hubbard.»

15
Mobile back – Fotos weg

«Und das geklaute Handy?», fragte Alexander, nachdem er und Henrietta sich von den Neuigkeiten erholt hatten. «Wie passt das in deine Geschichte?»

Paul sah Susanne fragend an: «Is he asking about the stolen mobile?», wollte er wissen. Susanne nickte. «Well, I don't know», wandte sich Paul an Alexander, «it has nothing to do with the film.»

«Und der Mother-Hubbard-Zettel im Leisureland?», fragte Henrietta nach. «Wie passt der zum Film?»

«The piece of paper? No idea.» Paul hatte auch hier keine passende Antwort, aber seiner Meinung nach hatte auch das nichts mit dem Film zu tun. Und auch nicht mit der Schnitzeljagd. «Isn't that right, Susi?»

Susanne Becker war hin und her gerissen. Ihre Kinder hatten sich in Gefahr begeben und ihr nichts erzählt, Paul hatte sie in Ballina beschwindelt, und eigentlich müsste sie jetzt wütend auf ihn sein, aber der Überfall auf Alexander schien für sie alles andere nebensächlich zu machen.

«Yes», antwortete sie fast mechanisch, «we only had ...», sie unterbrach sich – falsche Sprache, sie wollte ja Pauls Satz für die Kinder bestätigen, «ja, wir haben nur die eine Schnitzeljagd für euch gemacht: the old woman in the shoe, Tom and the black pig und dann der Gutschein. Das war's.»

«Dann gibt es vielleicht zwei Geschichten, die irgendwie nicht zusammenpassen», überlegte Henrietta, «Geschichte eins: Mother Hubbard, der Film und der Banker Paul. Geschichte zwei: Mother Hubbard, der Zettel und der Handyklaujogger.»

Paul sah Susanne Hilfe suchend an, aber bevor die übersetzen konnte, machte Alexander weiter: «Geschichte drei gibt es auch noch: der Schattenmann, der auch über Mother Hubbard gesprochen hat, Justin und Clare gefolgt war und sich mit dem Mann mit dem Schnurrbart sehr für ein großes Haus am Stadtrand interessierte.»

Pauls Gesicht hellte sich auf, als Susanne zusammenfasste, was Henrietta und Alexander gesagt hatten: «There's no story number three, that's part of story one. The blond fellow who followed Justin and Clare is Peter Scott. He's one of the film team. And the man with the moustache is Karl Lensing, he's one of the film team, too. But story number two is a real puzzle, I don't know anything about it. Maybe the *Zettel* and the episode with the mobile are just coincidences.»

So viele Zufälle gibt's ja gar nicht, dachte Henrietta und holte ihr Handy hervor. Eine dringende SMS an Justin und Clare war mehr als fällig.

Paul hatte sich inzwischen Susanne zugewandt: «Look, darling, I'm very, very sorry that I lied to you.

When you insisted *keine Arbeit im Urlaub,* I said yes. But then this film business turned up, they need our bank and I was here in Enniscrone. Such a lucky coincidence.»

Susanne sah ihn lange an: «Versprochen ist versprochen. Ich habe schließlich auch keine Arbeit mitgenommen, obwohl ich bis Ende nächster Woche einen dicken Bericht fertig übersetzen muss. Und wir hatten vereinbart, dass du höchstens deine Mail checkst, während du hier bist. Von Finanzierungen von Filmen war nicht ...»

Sie unterbrach sich, als sie Pauls verdutztes Gesicht sah, und schüttelte den Kopf. «Look, how confused I am, now I'm talking German to you!» Sie wiederholte auf Englisch, was sie gesagt hatte.

«Sorry», sagte Paul noch einmal, «I am really, really sorry. Can you forgive me? No more Mother Hubbard, I promise!»

«O. k.», antwortete Susanne nach einigem Zögern.

«Thanks. Oh, well, maybe one more Mother Hubbard», sagte Paul noch, und als er sah, wie sich Susannes Miene verfinsterte, fügte er schnell hinzu: «but a nice one. I'll phone the three men involved in the film and ask them to meet us in the Pilot's Bar. They can show the kids that my part of the story is true.»

«Habt ihr das mitgekriegt?», fragte Susanne Henrietta und Alexander, die gerade die SMS fertig geschrieben hatten. «Wir gehen jetzt in die Kneipe, in der ihr Paul und den Filmtyp beobachtet hattet, und treffen die drei Männer. Einverstanden?»

«Klar», antwortete Henrietta und aktualisierte schnell noch die SMS, bevor sie sie abschickte.

```
Mother hubbard = film :-) :-)
Paul + mann im pub = geld für film.
Mh in leisureland = ???
Alex handyklau = ???
Now: go to pilot's bar, meet filmmaenner
Cu
```

Nachdem Paul seine Geschäftspartner angerufen und sich in einer halben Stunde in der Pilot's Bar verabredet hatte, schlug er vor, doch lieber vorher bei der Polizei vorbeizugehen. «Not because of Mother Hubbard, but because of the attack on Alex. We should protect other people from the mobile phone thief.»

Die Polizeistation erforderte einen kleinen Umweg auf dem Weg zur Kneipe. Als sie dort ankamen, hörte sich eine freundliche Polizistin ihre Geschichte an. Susanne und Paul redeten die meiste Zeit, aber Henrietta und Alexander freuten sich, dass auch sie ab und an ein bisschen auf Englisch erzählen konnten.

«Today is your lucky day», sagte die Polizistin schließlich, «a boy just handed in a mobile phone. He found it close to where the robbery happened.»

Sie ging in das Nebenzimmer und kam mit einem Handy zurück: «Is that yours?»

«Yes.» Alexander erkannte es sofort. Aber das kann nicht sein, dachte er, sie hatten doch nach dem Sturz die Umgebung abgesucht. Da hatte garantiert nirgends ein Handy gelegen. Vier Leute konnten doch nicht so blind sein.

«Well, you were lucky then», sagte die Polizistin, «an honest finder.»

«And more important», mischte sich Paul ein, «not a robbery, only a stupid jogger. Bad enough but not as bad as a robbery.» Die Polizistin nickte.

«Was hat er gesagt?», fragte Alexander seine Mutter, während er überprüfte, ob das Telefon noch funktionierte.

«Nicht so schlimm wie ein Überfall, aber schlimm genug, so ein rücksichtsloser Jogger», antwortete sie.

Sie verabschiedeten sich von der Polizistin und machten sich auf den Weg zur Pilot's Bar. Alexander zupfte Henrietta am Ärmel und hielt sie zurück, sodass sie einige Schritte hinter Paul und Susanne herliefen. Die beiden waren offensichtlich sehr glücklich darüber, dass sich der Überfall als harmlos aufgeklärt hatte, und Susanne schien Paul seine Ballina-Lüge verziehen zu haben: Hand in Hand gingen sie voran.

«Was ist?», wollte Henrietta wissen, als sie einige Meter Rückstand gewonnen hatten.

«Das war wirklich ein sehr rücksichtsloser Jogger», sagte Alexander leise, «er hat mich nicht nur umgerannt und das Handy mitgenommen. Bevor er es zurückgebracht hat, hat er auch noch alle Fotos gelöscht!»

16
Alles klar in der Pilot's Bar?

Vor der Pilot's Bar warteten Clare und Justin schon auf sie. «Mum will come a bit later», sagte Clare. Alexander hätte ihnen gern noch schnell von den verschwundenen Fotos erzählt, aber Paul hatte sofort die Tür der Kneipe geöffnet und alle hineingewinkt.

«Ah, yes, there they are.» Er ging gleich auf einen Tisch mit den drei Männern zu, die die Kinder schon kannten, und stellte den Männern seine Freundin, ihre Kinder und seine Nichte und seinen Neffen vor. Dann erklärte er, wer die drei waren.

«This is George O'Hanlon, producer of ‹Mother Hubbard's Cupboard›. He looks after the money for the film.»

Aha, dachte Henrietta, deswegen die eleganten Klamotten.

«That's right, Paul», lachte der Grauhaarige, «I'm looking after the money, so I'll buy the drinks.» Er fragte alle, was sie trinken wollten, und ging zum Tresen, um die Bestellungen aufzugeben. Inzwischen stellte Paul den blonden Schattenmann vor.

«Peter Scott is the scriptwriter. He's working on the story of ‹Mother Hubbard's Cupboard›.»

Zumindest, wenn er niemanden verfolgt, dachte Henrietta. Clare schien derselbe Gedanken durch den Kopf zu gehen, denn sie sagte: «When he isn't following kids around Enniscrone.»

Peter Scott wurde verlegen. «I'm very sorry», murmelte er.

«Then why were you doing it?», wollte Justin wissen.

Peter Scott erklärte, dass im Film zwei Kinder in ihrem Alter eine Rolle spielen würden, und für das Drehbuch musste er herausfinden, was Kinder in dem Alter machen, worüber sie sprechen und was sie an einem Tag in Enniscrone so alles anstellen. Aber das Einzige, was er herausgefunden hatte, war, dass sie schlauer waren als er.

Also hatte er gemerkt, dass wir ihn verfolgt haben, und deswegen die Verfolgung von Justin und Clare abgebrochen, dachte Henrietta. Aber warum hatte er die beiden nicht einfach angesprochen und gefragt? Zu ihrer Überraschung hörte sie Clare sagen:

«We can tell you what we do all day in Enniscrone. We are saying good-bye to Henrietta and Alexander tomorrow morning. After that we are free. We could meet at the chipper at 12 o'clock.»

Peter Scott lachte: «O. k. You get fish and chips and I get first-hand information!»

«And Karl Lensing is the location scout», unterbrach Paul ihr Gespräch und stellte den dritten Mann vor, den großen Schlanken mit dem Schnurrbart und der Glatze.

«Sehr erfreut», sagte der und verbeugte sich leicht in Richtung Henrietta, Alexander und Susanne.

«Sind Sie Deutscher?», fragte Alexander erstaunt.

«Nein», antwortete Lensing, «ich bin in Irland aufgewachsen, aber meine Eltern sind Österreicher, zu Hause wurde nur Deutsch gesprochen.»

«Und was genau macht ein *location scout*?», fragte Henrietta, die mit einem Blick auf ihren *pocket translator* verwundert feststellte, dass ein *scout* ein Pfadfinder war. Wie ein Pfadfinder sah der Mann nun wirklich nicht aus.

Karl Lensing erklärte, dass ein *location scout* sich vor Drehbeginn auf die Suche nach geeigneten Schauplätzen für den Film macht. In diesem Fall musste er ein herrschaftliches Haus, ein *mansion*, finden. Das sei nicht so leicht, da viele Besitzer ihr Haus nicht zur Verfügung stellen wollten, obwohl sie damit sehr viel Geld verdienen könnten. Das musste er noch einmal auf Englisch wiederholen, weil Justin sich beschwerte, dass er kein Wort verstanden hatte. «But we've found the perfect house at the end of the village», schloss Lensing seine Erklärung ab, «Hunsfield House.»

Clare erzählte ihm, dass sie ihn auf dem Weg zum Hunsfield House verfolgt hätten. Und als dann in der Zeitung gestanden hatte, dass in Carrick-on-Shannon Gemälde gestohlen worden waren, hatten sie ihn in Verdacht gehabt, der Dieb zu sein. «Well, you looked like a suspect», rechtfertigte sie sich, als Karl Lensing schallend lachte, «you took pictures, just like the thief in Carrick-on-Shannon. And he had a moustache, too.»

«You are right», antwortete Lensing freundlich, «you are a great detective.» Und fügte hinzu, dass Clare nicht als Einzige auf die Idee gekommen war: «Mr. Corrigan, der Hausbesitzer, hatte den gleichen Verdacht wie ihr – er hat sich bei der Filmfirma erkundigt, ob ich auch echt bin. Man muss heutzutage eben sehr aufpassen», wandte er sich an Henrietta und Alexander. Er sah, dass Clare und Justin nicht alles mitbekommen hatten. «Mr. Corrigan, the owner of Hunsfield House, phoned my company and asked if I really was who I said I was. You can never be too careful these days.» Er blickte zum Tresen hinüber, wo der Barmann begonnen hatte, mit Guinness, hellem Bier und Cola gefüllte Gläser vor George O'Hanlon aufzureihen. «Ich helfe ihm mal lieber, die Sachen herzutragen», sagte er und ging zur Bar hinüber.

Justin hatte inzwischen begonnen, Peter Scott die ganze Geschichte mit den belauschten Gesprächsfetzen in Leisureland und in der Kneipe zu erzählen. Und wie sie versucht hatten, sich einen Reim darauf zu machen. Der Drehbuchautor war beeindruckt: «Great ideas the four of you have got», sagte er anerkennend, «maybe you should write my script.»

Und als Justin weitererzählte, dass es aber trotz aller Aufklärung für den Zettel aus Leisureland bisher keine vernünftige Erklärung gab, sagte Peter Scott nur: «Believe an old scriptwriter. Some clues are never solved.»

17
Molly Malone
in der Kneipe in Enniscrone

George O'Hanlon und Karl Lensing brauchten einige Zeit, um die vielen Gläser von der Bar zu ihrem Tisch hinüberzubringen, denn inzwischen hatte sich die Kneipe gefüllt, und sie mussten sich an all den Leuten vorbeidrängeln, die im Gang zwischen dem Tresen und den Tischen standen. Auch Veronica Cassidy war angekommen und quetschte sich zu Susanne und Paul auf die Sitzbank. In der hinteren Ecke stimmten zwei Männer und eine Frau ihre Instrumente, gleich würde es Musik geben. Henrietta blickte auf ihr Handy. Schon nach zehn Uhr und niemand sagte, dass sie endlich ins Bett müssten.

Die beiden Männer hatten es nach vielen «excuse me» und «sorry» geschafft, die Gläser ohne allzu großen Flüssigkeitsverlust durch das Gedränge zu bringen. Nun erhob George sein Glas und sagte «Sláinte», das irische Wort für «Prost», das Paul ihnen gleich am Anfang der Woche beigebracht hatte. Henrietta konnte sich kaum noch daran erinnern, dass sie und Alexander sich die ersten beiden Tage in Enniscrone richtig gelangweilt hatten – jetzt kannten sie so viele Leute. Aus ihrem Augenwinkel sah sie, dass gerade auch noch die deutsche Touristin, die am Strand fast von Alexanders Hurling-Ball getroffen worden war, die Kneipe betreten hatte und sich an die Bar setzte. Sie schien Henrietta und Alexander aber nicht bemerkt zu haben. Anscheinend wollten alle hier die Musiker hören, die mit einem Instrumentalstück anfingen.

George O'Hanlon ließ es sich nicht nehmen, für alle Essen zu bestellen. «The Shepherd's Pie is very good here», sagte er. Der *pocket translator* zeigte Henrietta und Alexander, dass ein *shepherd* ein Schafhirte war. «Die essen hier doch keine Hirten?», fragte Alexander entsetzt. Seetang war wirklich schon schlimm genug.

«Keine Angst», beruhigte ihn Susanne, «wir essen nicht den Hirten, sondern das, was er hütet – Lamm.» Und der *Shepherd's Pie* aus Lammhack in einer Soße und mit Kartoffelbrei überbacken schmeckte tatsächlich richtig gut.

Während die Erwachsenen ihr Bier tranken, in den Gesprächspausen der Musik lauschten und immer mehr selbst mitsummten oder mitsangen, berichteten Henrietta und Alexander Justin und Clare, dass es seit der SMS schon wieder Neuigkeiten gab.

«Good that you got your mobile back», sagte Justin, «Why didn't we see it?»

«Weil es gar nicht da war», entgegnete Alexander. «Wir haben doch überall gesucht. Und wenn der Dieb sämtliche Fotos gelöscht hat, dann hat er das Handy für eine kurze Zeit mitgenommen. Und dann zurückgebracht, um den Diebstahl zu tarnen.»

«Tarnen» verstanden Justin und Clare nicht, aber der *pocket translator* half mit «to disguise» weiter, und so konnten Clare und Justin wieder mitreden.

«But who would do that?», fragte Clare. «What pictures were on it anyway?»

«Einige von euch beiden», sagte Alexander. Jetzt, wo der Urlaub in Enniscrone gerade zu Ende ging, merkte er, dass er die Bilder von Justin und Clare gern noch gehabt hätte. «Und von uns, als wir am Strand Hurling gespielt haben. Und das Paar, das das große Haus fotografiert hatte.»

«Those two people couldn't have ...», überlegte Clare.

Henrietta schüttelte den Kopf. Das hatten sie ja nach dem Überfall schon besprochen. Selbst wenn einer von denen gesehen hätte, dass Alexander sie gegen ihren Willen fotografierte, hätten sie nicht so schnell reagieren können. Aber wenn sie es nicht gewesen waren, wer denn dann?

George O'Hanlon erzählte mittlerweile Veronica Cassidy vom geplanten Dreh von «Mother Hubbard's Cupboard» im nächsten Sommer. «If you need some kids as extras, I'm sure that Henrietta, Alexander, Justin und Clare would be happy to be in the film», sagte Veronica Cassidy.

«Why not», sagte George O'Hanlon. «Would you be interested?», wandte er sich an die vier.

Nachdem Henrietta und Alexander erklärt worden war, dass sie gerade das Angebot erhalten hatten, als Statisten in dem «Mother-Hubbard»-Film mitzuwirken, stimmten sie begeistert zu. Susanne Becker wollte ihre Begeisterung bremsen, man müsse abwarten, wie die Welt im nächsten Sommer aussah, noch wussten sie schließlich nicht, ob sie wieder in Irland Urlaub machen würden.

Das heißt wohl, noch weißt du nicht, ob du und Paul nächsten Sommer weiterhin zusammen seid, übersetzte sich Henrietta die Bedenken ihrer Mutter.

Aber Veronica Cassidy sagte diplomatisch, selbst wenn Susanne und Paul anderswo Urlaub machen wollten, könnten Henrietta und Alexander doch trotzdem für die Dauer des Films bei ihr, Justin und Clare wohnen. Sie zwinkerte den Kindern zu, trank einen Schluck aus ihrem großen Guinnessglas und sagte: «The five of us will get along fine, won't we?»

«Yes», kam es wie aus der Pistole geschossen von Justin und Clare. War das wirklich erst ein paar Tage her, dass sie sich am schwarzen Schwein angegiftet hatten?

Susanne gähnte und sah auf ihre Armbanduhr. «Kommt», sagte sie zu ihren beiden Kindern, «es ist spät, und heute ist so viel passiert, dass ich noch gar nicht zum Packen gekommen bin.» Sie wandte sich an die anderen: «Time for me and the kids to go home now, we've got to pack and leave early tomorrow.»

«Och schade ...» Die Enttäuschung kam nicht nur von Henrietta und Alexander, sondern auch von Justin und Clare.

«Can't they stay a bit longer?», fragte Clare Paul. «It is their last day in Enniscrone after all.»

Der wusste nicht, was er sagen sollte. «I think that's for Susanne to say», antwortete er sichtlich verlegen.

Die drei Musiker sangen gerade den Refrain eines Liedes. Ein breites Lächeln ging über Henriettas Gesicht. «Alive, alive, o! Alive, alive, o!», stimmte sie sofort ein, und auch Alexander sang mit.

«Will you let them stay here for a while?», sagte Paul zu Susanne.

Susanne schüttelte zwar erst den Kopf, sagte dann aber: «O. k. But don't stay too long. I'll go back and start packing.»

«Alive, alive, o! Alive, alive, o!», stimmten jetzt auch die anderen am Tisch und die meisten Leute in der Kneipe ein, während Susanne sich langsam zum Ausgang durchkämpfte. Als sie die Tür aufmachte, betraten ein mittelgroßer Mann und eine zierliche Frau die Kneipe. Henrietta stieß Alexander in die Seite: «Da, die mit dem Rucksack von heute Nachmittag.»

Das Paar hatte größere Schwierigkeiten, sich mit dem Rucksack einen Weg durch die Menschen zwischen der Theke und den Tischen zu bahnen. Als sie sich endlich einen Platz in der Nähe der Musiker erdrängelt hatten, stand Alexander auf, nahm sein Handy und tat so, als ob er die Frau mit der Querflöte fotografieren wollte – die stand nur zwei Meter hinter den beiden.

«Well done», lobte ihn Clare begeistert, als Alexander wieder an seinem Platz war.

«What did Alexander do well?», wollte Paul wissen.

«Sing», antwortete Clare, ohne mit der Wimper zu zucken. «Isn't it great that Henrietta und Alexander can sing along with Molly Malone?»

«Yes», bestätigte Paul stolz, «very well done, indeed. And I was the one who sang it for them first.»

18
Road-block und Nachrichtenschock

«Aufstehen, komm, Alex, es ist Zeit. Wir müssen bald los.» Susanne hatte alle Hände voll zu tun, ihre drei Kneipengänger aus den Betten zu bekommen. Widerwillig streckte Alexander einen Fuß unter der Bettdecke hervor.

«Los, Hetti, aufstehen, time to be alive, alive o», versuchte sie es im nächsten Zimmer. Von unter der Bettdecke kam ein abweisendes Knurren.

Auch Paul sah nicht gerade aus, als berste er vor Aktivität, als sie ihn in Richtung Dusche schob. «Morning», murmelte er und versuchte Susanne zu umarmen. Aber die war sauer. «Blind drunk. And with the kids, too. You should be ashamed of yourself», schimpfte sie und drehte die Armatur in der Dusche in Richtung kalt. «Uuuaaagh», jammerte Paul.

Es war schon zehn Uhr, als sie die drei endlich am Frühstückstisch hatte. Paul trank bereits seinen dritten Kaffee, Alexander gähnte in seine Cornflakes hinein. «Und ich dachte, dass die irischen Kneipen irgendwann schließen müssen. So lange wart ihr noch nie auf», sagte Susanne, als es klingelte.

Draußen standen Justin, Clare und Veronica, die eine große Tüte in der Hand hielt. «You are very awake», knurrte Paul Veronica vorwurfsvoll an.

«Women are tougher than men», neckte ihn seine Schwester.

«And Irish kids are tougher than German kids», unterstützten Justin und Clare ihre Mutter, als sie sahen, wie verschlafen Henrietta und Alexander am Tisch saßen.

«Here», Veronica stellte die Tüte auf den Tisch, «freshly baked scones for your trip to Dublin.»

«Mmm.» Susanne öffnete die Tüte und schnupperte. Das roch ja köstlich! «Thanks a lot!»

«There are some without raisins, too.» Alexander gelang es, ein leicht gequältes, freundliches Lächeln auf sein Gesicht zu zaubern. Seine Abneigung gegen Rosinen hatte sich offensichtlich herumgesprochen. «Thanks, Veronica», sagte er.

Die sieben saßen noch einige Zeit herum, dann begann Paul, der endlich wach geworden war, das Gepäck ins Auto zu bringen. «Time to say good bye», sagte er, als er die letzten beiden Taschen verstaute. Henrietta kam es vor, als ob sie und Alexander Clare und Justin viel länger kannten als nur die paar Tage. Seit ihrer ersten Begegnung am schwarzen Schwein war so viel passiert. Aber sie würden sich vielleicht im nächsten Sommer in Enniscrone wiedersehen. Und in der Zwischenzeit gab es ja auch SMS.

«Justin and Clare are very welcome to visit us in Frankfurt», wandte sich Susanne den Cassidys zu.

«O ja!», «Oh yes!», riefen vier Stimmen gleichzeitig.

«And Veronica, you too, of course», fügte sie mit einem Lachen hinzu, «maybe we'll teach you a word of German or two.»

Sie verabschiedeten sich, und als das Auto zum letzten Mal die Straße hinunterfuhr, winkten Henrietta und Alexander lange aus dem Fenster den drei Dableibenden zu. Paul wollte die Nationalstraße nehmen, aber Henrietta und Alexander bestanden darauf, die schöne *scenic route*, die kleine Straße mit den am Straßenrand grasenden Schafen zu nehmen. «O.k., but no stop in Tobercurry this time, first stop Carrick-on-Shannon», stimmte Paul zu.

Ein paar Minuten hing jeder seinen Gedanken nach. Allen fiel der Abschied von Enniscrone schwer. Die Woche war viel spannender geworden, als sie es nach den beiden ersten langweiligen Tagen gedacht hätte, ging es Henrietta durch den Kopf. Sie fing an zu summen, und es dauerte nicht lange, da sangen alle vier aus voller Kehle:

«Alive, alive, o! Alive, alive, o! Alive, alive, o!»
Crying: «Cockles and mussels, alive, alive, o!»

Sie waren gerade bei der dritten Strophe angekommen, als Paul bei der Zeile «And that was the end of sweet Molly Malone» plötzlich auf die Bremse trat und die

Geschwindigkeit reduzierte. «Look», sagte er, «a roadblock ahead. What's that for?»

«Eine Straßensperre», übersetzte Susanne für ihre Kinder. Sie fuhren langsam weiter und standen bald in einer Reihe von Autos, die alle gründlich durchsucht wurden.

«Sorry, sir», sagte der Polizist zu Paul, als sie an der Reihe waren, «can I see your licence please? And I have to ask you all to get out of the car and open the boot.» Paul zeigte ihm seinen Führerschein und öffnete den Kofferraum. Alle stiegen aus. «Hello, aren't these our German friends?», sagte die Polizistin, die hinzugetreten war, um den Kofferraum zu durchsuchen. Es war die, die Alexander das Handy zurückgegeben hatte.

«Hello», antwortete Susanne, «what's going on here?»

«We have to check every car leaving the area», sagte die freundliche Polizistin, «two paintings were stolen from Hunsfield House in Enniscrone last night.»

19
Kampf um einen *tea stop* – an einem *truck stop*

Als sie endlich weiterfahren durften, war es sehr still im Auto. Der Schock saß tief. Dann sagte Susanne zu Paul: «While you were out with the kids last night, some *Verbrecher*..., some criminal was robbing a house in Enniscrone.» Sie fing an zu schluchzen. «Da hätte euch was Schreckliches passieren können.» Henrietta und Alexander wussten nicht, was sie sagen sollten.

Paul versuchte, sie zu beruhigen. «It's o. k. Susi, nothing happened. We're all o. k. And it was only a robbery.»

Einige Minuten fuhren sie weiter, ohne etwas zu sagen, dann unterbrach Henrietta die Stille mit einer Frage an Paul. «Hunsfield House, das ist doch das Haus für den Film, oder?» Paul machte eine besorgte Miene.

«Yes, bad luck for the film.» Er schaltete das Radio ein. «Maybe there's something about it in the news.»

Ganz zum Schluss der Nachrichten, nach den großen internationalen und nationalen Ereignissen, kam die Meldung:

> *«Last night, between 8 and 10 p.m., two famous paintings by Jack Yeats were stolen from Hunsfield House in Enniscrone, County Sligo. The owners were out at the time, and the robbers managed to deactivate the alarm. Police suspect a connection beween this robbery and the earlier one at the Fitzpatrick mansion in Carrick-on-Shannon»*

«Zwischen 20 und 22 Uhr», wiederholte Henrietta, nachdem ihre Mutter kurz zusammengefasst hatte, dass die Besitzer um diese Zeit nicht im Haus waren und die Diebe die Alarmanlage ausgeschaltet hatten, «da saßen wir alle in der Pilot's Bar, wir und die ganze Filmcrew. Wenigstens haben die so ein Alibi.»

«Don't be stupid, Henrietta», antwortete Paul gereizt, «why would the film crew need an alibi? They have nothing to do with it.»

«Die haben die meisten Informationen über Hunsfield House. So abwegig ist das gar nicht», unterstützte Alexander seine Schwester.

Paul schüttelte nur den Kopf, drehte das Radio lauter und fuhr schneller.

«Als Mama die Kneipe verlassen hat, war es schon

weit nach zehn, ich hatte da auf mein Handy gekuckt», sagte Henrietta so leise zu Alexander, dass es nur hinten im Auto zu hören war.

«Toll, dann hat ja auch sie ein Alibi», lästerte Alexander.

«Denk doch mal nach», konterte Henrietta, «wer ist denn reingekommen, als Mama rausgegangen ist?»

«Klar», ging Alexander ein Licht auf. Er nahm sein Handy.

«Willst du die jetzt anrufen oder was?», fragte Henrietta.

«Quatsch», antwortete er, «aber erinnerst du dich, was ich gemacht habe, nachdem die beiden reingekommen sind?»

«Klar», blickte Henrietta nun durch, «und jetzt schickst du das Bild an Justin und Clare?»

Alexander nickte. «Und die gehen damit zur Polizei.» Sein Handy vibrierte. Eine Mail von Justin und Clare.

> Paintings stolen from hunsfield house last night.
> Road-blocks around enniscr und blna.
> Were you stopped?
> No scott in chipper at 12.00.
> Not in hotel either.
> Suspect???

Hatte Peter Scott doch etwas mit der Sache zu tun und war jetzt vielleicht mit den Bildern abgehauen? Hatte er sie in der Kneipe nur abgelenkt, als er gesagt hatte: «Believe an old scriptwriter. Some clues are never solved.» Aber dann müsste er einen Komplizen haben, denn zur Tatzeit war er ja in der Kneipe. Das Paar mit dem Rucksack vielleicht? Und die hatten sich dann in der Kneipe verabredet. Aber wer würde denn mit einem Rucksack mit frisch geklauten Bildern in eine überfüllte Kneipe gehen? Andererseits wäre das keine schlechte Tarnung. Henrietta und Alexander überlegten hin und her, so richtig passte alles nicht zusammen. Schließlich schickte Alexander das Foto und eine lange SMS an Justin und Clare, sie sollten der Polizei erst mal von ihrem Verdacht über das Paar berichten.

Henrietta beugte sich nach vorn und fragte mit unschuldiger Stimme: «Wann kommen wir durch Kinnegad?»

Paul sah auf die Uhr auf dem Armaturenbrett und antwortete: «Around half-past four. Why? What's special about Kinnegad?»

«Auf der Hinfahrt hattest du doch in Kinnegad gesagt, dass wir auf der Rückfahrt in der Nähe dort Pause machen würden.» Sie holte tief Luft. «Und zwar in einem *truck stop*.» Sie überlegte einen Moment, ob sie es sagen sollte, und fuhr dann fort: «Und der *truck stop* in der Nähe von Kinnegad heißt ‹Mother Hubbard's Truck Stop›.»

20
? – 0

«Das kommt überhaupt nicht in Frage!» Blitzschnell hatte sich Susanne umgedreht. «Jetzt reicht's aber mit eurem Detektivspielen! Wenn ich nur dran denke, was euch gestern alles hätte passieren können!» Sie war gar nicht zu beruhigen. «Wir hätten euch den Gutschein für diese Spielhölle gar nicht geben dürfen. Da hat alles angefangen. Ich war ja von Anfang an dagegen.» Susanne redete sich richtig in Rage. «Aber Paul hat gesagt, dass so was in Irland zum *family fun* gehört und ihr das ruhig mal erleben solltet.» Sie warf Paul einen bösen Blick zu. Langsam beruhigte sie sich wieder.

Nach ein paar Minuten versuchten Henrietta und Alexander, Paul und Susanne zu überreden. Wenn der Zettel mit «Mother Hubbard» vielleicht doch eine Bedeutung hatte? Wenn Peter Scott oder sonst jemand vielleicht doch etwas damit zu tun hatte? Wenn er vielleicht einen Komplizen hatte? Wenn der Zettel die Nachricht an den Komplizen gewesen war? Wenn er ihn im Leisureland verloren hatte? Wenn er sich trotzdem mit dem Komplizen verabredet hatte? Wenn der Komplize vielleicht ein Paar war, zum Beispiel das, das sie von der Ruine aus fotografiert hatten und deren Foto von Alexanders Handy mit allen anderen zusammen von dem Jogger gelöscht wurde?

«Hey, have you forgotten about me? I'm here as well» und «Can someone please tell me what's going on?», versuchte sich Paul von Zeit zu Zeit in das Gespräch reinzudrängen, aber Susanne war viel zu sehr in Fahrt, um auf ihn Rücksicht zu nehmen.

«Ach, dass die Fotos gelöscht wurden, erfahr ich jetzt erst nebenbei», schimpfte sie und: «Warum habt ihr das mit dem Paar nicht gleich gesagt?» Aber diesmal war ihr Ärger schnell verflogen, und sie begann, für Paul alles auf Englisch zusammenzufassen.

Bei Alexander kam inzwischen eine SMS von Justin an:

```
Film crew checked out of hotel
Looked up the three in internet
O'hanlon = film producer with own website
Nothing on scott or lensing
```

«Das muss nichts bedeuten», sagte Henrietta, als sie die SMS gelesen hatte, «man muss ja keine eigene Seite im Netz haben.»

«Aber wenn du Drehbuchautor bist, wirst du doch wenigstens irgendwo erwähnt», Alexander war weiter misstrauisch, «und eigentlich müsstest du dann auch auf einer eigenen Seite Werbung für dich machen.»

«Wenn Peter Scott was damit zu tun hat», meinte Henrietta, «kommt er wahrscheinlich sowieso nicht zu

Mother Hubbard's. Wir Blödmänner haben ihm ja in der Kneipe gesagt, dass wir den Zettel gefunden haben.»

«O. k., kids», drehte sich Paul zu ihnen um und unterbrach ihre Überlegungen, «I've got the picture now. Susanne and I agree that we'll stop at Mother Hubbard's Truck Stop. But we'll be very, very careful. We'll just sit there, have a cup of tea and see who is coming in, o. k.?»

«Klasse» und «Danke» sagten Henrietta und Alexander fast gleichzeitig.

«Aber wie Paul gesagt hat: Wir sind ganz ganz vorsichtig und machen gar nichts – außer kucken, o. k.?», wiederholte Susanne Paul, denn sie war sich nicht sicher, ob sie und Paul da die richtige Entscheidung getroffen hatten.

Alexander schickte sofort eine SMS mit den neuesten Nachrichten los, die schon kurze Zeit später beantwortet wurde:

```
Gr8 :-)
Pity we aren't there :-(
Will go to police now
```

«Was sollte das bedeuten?» Henrietta deutete auf das «gr8», «gr-acht? Was hat eine Gracht damit zu tun?»

«Eher auf Englisch. Gr-eight?», versuchte es Alex.

«Klar – ‹great›. Großartig. Wir schicken denen das nächste Mal zum Abschied eine deutsche ‹N8›.»

Je mehr sie sich Kinnegad näherten, desto schweigsamer wurden sie. Sie malten sich aus, was im *truck stop* wohl passieren würde. Aus dem Radio kamen die besten Hits und irischen Songs, aber keiner sang mit. Justin und Clare schickten ihnen noch eine SMS:

> Police says thanks
> Mum says be careful
> We say good luck

Kurz vor halb fünf kamen sie auf dem Parkplatz von Mother Hubbard's Truck Stop an. «What now?», fragte Paul, «still half an hour to go till five o'clock.»

Sie beschlossen sich aufzuteilen, um alles im Blick zu haben. Susanne und Alexander blieben im Auto auf dem Parkplatz, Henrietta ging mit Paul ins Selbstbedienungsrestaurant. Verstohlen sah sie sich um. Kein bekanntes Gesicht, nichts Ungewöhnliches. Gar nichts. SMS auf SMS wurden in den folgenden Minuten zwischen Henrietta und Alexander ausgetauscht:

?

erhielt die Antwort

0

So eine Überwachung konnte ganz schön langweilig sein.

21
Der Kakao zu heiß
und der Jogger *a surprise*

Nach zwanzig Minuten wechselten die vier die Standorte, jetzt konnten sich Susanne und Alexander bei einem Kaffee bzw. einem Kakao langweilen, während Paul und Henrietta im Auto warteten.

Es war kurz vor fünf, als Alexander aufstand, um sich seine zweite *hot chocolate* an der Selbstbedienungstheke zu holen. Wahrscheinlich passiert gar nichts, weil wir Peter Scott verraten haben, dass wir von seinem verloren gegangenen Zettel wissen, dachte er, während er das Heißgetränk in den Becher laufen ließ. Und wir vertrödeln hier nur unsere Zeit. *Careful! The contents of this cup are hot,* las er auf dem Becher. Na hoffentlich ist der Kakao heiß, dachte er, warum schreiben die denn so einen Quatsch auf einen Becher?

Als er sich umdrehte, um zu seinem Platz zurückzugehen, erstarrte er für einen kurzen Moment. Durch die Tür trat gerade die blonde deutsche Touristin, die er am Strand fast mit seinem Hurling-Ball getroffen hatte. Ohne nachzudenken sprang er hinter eine Säule, um sich zu verstecken. Der Kakao schwappte durch

seine schnelle Bewegung über und spritzte auf seine Hand. Aua, schrie er innerlich, aber ohne Laut zu geben. *Yes, the contents of this cup are hot,* versuchte er sich vom Schmerz abzulenken und stellte den Becher vor sich auf den Boden.

Die Frau stand am Eingang, schaute sich um, als ob sie jemanden suchte, und kam dann auf Alexanders Säule zu. Als sie an ihr vorbeiging, hielt Alexander die Luft an. Eine Erinnerung stieg in ihm hoch. Etwas Bekanntes, aber was? Ein Geruch. Irgendwas mit dem Duft dieser Frau. Klar! So hatte der Jogger gerochen, der ihn umgerannt und ihm das Handy geklaut hatte!

Die Frau hatte inzwischen die Theke erreicht. Mit dem Rücken zu Alexander bediente sie den Kaffeeautomaten. Eine Sekunde überlegte er, dann rannte er zur Tür. Dabei sah er noch schnell zu seiner Mutter hinüber, legte dabei seinen Zeigefinger auf die Lippen und hielt danach seine Faust ans Ohr. Hoffentlich versteht sie die Zeichen, dachte er noch, während er die Tür aufriss. Wenn die Maschine für einen Kaffee so lange brauchte wie für seinen Kakao, dann konnte er hier rauskommen, ohne dass sie ihn bemerkte.

«Hey, was it too boring for you in there?», begrüßte ihn Paul, als Alexander die Tür zum Wagen öffnete.

«Die deutsche Touristin ist der Jogger!», platzte es aus ihm heraus.

«Waaaas?» und «Who is the jogger?», riefen Henrietta und Paul fast gleichzeitig.

«Die deutsche Touristin ist der Jogger. Ihr Parfüm hat sie verraten, und sie ist da drin!», wiederholte Alexander.

«Wahnsinn», sagte Henrietta, «die haben wir völlig vergessen. Dabei hast du sie und mich ja auch mit dem Handy am Strand fotografiert. Nicht nur das Paar mit dem Rucksack. Und das hat ihr offensichtlich nicht gefallen.»

«Und in die Kneipe ist sie auch erst kurz vor dem Paar gekommen», fiel es Alexander nun wieder ein, «also garantiert nicht vor zehn Uhr.»

«Slowly, slowly, slowly», sagte Paul, «I can't follow you. Now tell me again what you know.»

Ausgerechnet jetzt war Susanne nicht dabei, um übersetzen zu können. In einer Mischung aus Zeichensprache, Englisch und Deutsch berichteten sie vom Hurling am Strand und von der Touristin, die sie fotografiert hatten. «Und wir dachten, der Jogger sei ein Mann», sagte Henrietta, «aber unter der Kapuze, äh ...» Sie tat so, als ob sie sich mit beiden Händen eine Kapuze über den Kopf ziehen würde. «Under the hood», verstand Paul sie sofort. «Yes, under the hood», fuhr Henrietta fort, «hätte sich genauso gut eine Frau verstecken können. O Gott ‹hätte können›, äh ...», sie überlegte und sagte es dann ein bisschen einfacher, «under the hood the man was a woman.»

«Sounds o. k., but it could all be a coincidence», mahnte Paul zur Vorsicht.

Der und seine *coincidences*. «Ein bisschen viel Zufall», grummelte Alexander.

«Poor Susanne in there. We should phone her and tell her what's happened», sagte Paul. Er rief Susannes Handy an und erklärte ihr die Lage.

Susanne musste zuerst ihre Empörung unterdrücken, dass diese blonde Person tatsächlich diejenige war, die ihren Alexander über den Haufen gerannt hatte – aber die Wut führte dazu, dass sie plötzlich voll bei der Sache war. «I left the pub before she came last night, so she doesn't know me», antwortete sie und schlug dann vor, dass sie im Restaurant bleiben und die Frau beobachten würde. Paul sollte sehen, dass den Kindern nichts zustieß und, fügte sie hinzu, «you should call the police – now!»

Henrietta und Alexander waren stolz auf diese mutige Entscheidung ihrer Mutter. «Und nun?», fragte Henrietta. «Müssen wir jetzt warten, bis irgendein Komplize auftaucht?»

«Komplize?», fragte Paul nach.

«Kumpel ... Partner?», versuchte es Alexander.

«O. k., I've got it», nickte Paul. «I think we should phone the police in Enniscrone. I don't have their number but I'll phone Veronica, and she can tell them what's going on in Mother Hubbard's Truck Stop.»

«Die Polizei in Enniscrone hat heute schon mal Informationen von uns bekommen», gestand Henrietta, «über Justin und Clare. Allerdings leider die falschen.»

Während sie dies sagte, hatte Alexander schon eine SMS in Arbeit:

> Jogger war deutsche touristin vom strand
> Sie ist hier und wartet.
> Wir warten mit ihr.

22
The long wait –
der Komplize kommt zu spät

Alexander schaute zum hundertsten Mal auf sein Handy. 17.15 Uhr. Wie lange würden sie hier ... Seine Gedanken wurden unterbrochen, als ein Mann die Tür des Autos aufriss und sich neben ihn setzte. Paul und Henrietta drehten sich erschrocken um.

«What the ...», rief Paul, aber der Mann unterbrach ihn mit beruhigender Stimme: «Paul Cassidy, isn't it? And you must be Henrietta and Alexander. My name is Flaherty, Inspector Flaherty from the local police. My colleagues in Enniscrone phoned, and I'm here with a few of my people to keep an eye on things. They aren't in uniform, of course.» Er deutete mit dem Kopf nach draußen auf den Parkplatz, als ob er ihnen die Polizisten in Zivil zeigen wollte, aber Alexander konnte sie nicht erkennen. Das war wahrscheinlich auch der Sinn der Sache.

«The German woman is in there», sagte Henrietta. Das wusste der Polizist wahrscheinlich schon aus seinen Telefonaten, aber sicher ist sicher, dachte sie.

Susanne tat so, als ob die Speisekarte von Mother Hubbard's Truck Stop die spannendste Lektüre der Welt war, und das seit fast einer Viertelstunde. Dabei standen da nur die üblichen Sachen drauf wie Burger und Sandwiches in allen Variationen. Zum ersten Mal bereute sie es, dass sie ihr Handy bisher immer nur zum Telefonieren und nicht zum Schreiben von SMS benutzt hatte. Telefonieren wollte sie nicht schon wieder, obwohl die Frau wahrscheinlich weit genug weg saß und nichts gehört hätte.

Von Zeit zu Zeit warf Susanne einen Blick auf die Touristin, die offensichtlich entweder nervös oder verärgert war. Dauernd starrte sie auf ihr Handy, schien eine SMS zu schicken und trommelte mit den Fingern auf den Tisch. Plötzlich hielt sie inne und blickte zur Tür. Automatisch folgten Susannes Augen ihrem Blick. Gerade war ein Mann in das Restaurant gekommen. Er sah die Frau, aber er sah auch Susanne, erkannte sie sofort, drehte sich um und rannte wieder hinaus. Susanne hatte ihn so schnell erkannt wie er sie: Es war Karl Lensing, der *location scout*.

«Da ist er! Mensch, das ist doch der Karl Lensing!» und «Hey, there's Lensing!», schrien Henrietta und Paul plötzlich in die angespannte Stille im Auto. Von ihren vorderen Plätzen im Auto konnten sie sehr gut sehen, wie der große Mann mit Schnurrbart schnell aus dem Restaurant herauskam und zu seinem Auto hinüberlief. Inspector Flaherty sprach in sein Mikro: «Jenny, Chris, the tall guy with the moustache just leaving the restaurant», und schon ließen die beiden punkigen Mädchen, die vor ein paar Minuten aus dem Restaurant gekommen waren und neben der Tür eine große Tüte Pommes verdrückten, ihre Pommes fallen und liefen hinter Lensing her.

Als Karl Lensing seinen schnellen Abgang machte, überlegte die deutschen Touristin nicht lange. Sie stand sofort auf, nahm ihre Tasche und steuerte auf die Tür zu, die auf der gegenüberliegenden Seite zum Parkplatz führte. Susanne ließ die Speisekarte fallen, stand ebenfalls auf und folgte ihr.

Auf dem Parkplatz sah die Touristin zwei junge Punks hinter Lensing herlaufen und ging schnell in die andere Richtung, während sie ihren Autoschlüssel hervorholte. Verzweifelt sah sich Susanne um. Sollte die Frau etwa entkommen? Wo waren die anderen? Da hinten war Pauls Wagen. Mit beiden Händen winkte sie. Hoffentlich sehen sie mich, dachte sie.

«Da ist Mama!», rief Henrietta und sprang aus dem Auto. Alexander ihr nach. «There's Susanne. And she's waving», sagte Paul zu Inspector Flaherty, «she's probably following that woman.» Dann sprang auch er aus dem Wagen und folgte Henrietta und Alexander auf dem Weg zu ihrer Mutter. «Watch out, she may have a gun», versuchte der Inspektor sie zu stoppen, aber die hörten ihn schon nicht mehr. «Harry, Mike, blond woman at the south side of car park. Be careful, kids are running towards her.»

Die Touristin drückte auf ihren Autoschlüssel, das Auto blinkte, sie ging mit schnellen Schritten zum Wagen und stieg ein. Hilflos sah sich Susanne um. Von der anderen Seite kamen Henrietta und Alexander und kurz hinter ihnen Paul.

Die Touristin wollte gerade aus der Parklücke herausfahren, als zwei ältere Herren, die auf einer

Bank gesessen hatten, plötzlich angerannt kamen, die Wagentür öffneten und sie sehr bestimmt baten, aus dem Wagen auszusteigen.

«Gut, dass euch nichts passiert ist», rief Susanne erleichtert und umarmte die drei.

«Thank God nothing happened to you», rief Paul erleichtert, während Susanne die drei umarmte.

23
The End

Es war schon ziemlich spät, als sie endlich in Pauls Wohnung im Süden Dublins ankamen. Auf der Polizeiwache hatten sie ihre Geschichte noch einmal genau erzählen und dann ein Protokoll unterschreiben müssen. Und das hatte gedauert.

Während Paul Wasser für den Tee aufsetzte, traten Susanne, Henrietta und Alexander auf den Balkon und schauten auf die Boote und rüber zur Mole, die weit ins Meer hinausragte. Es regnete leicht. «A bit of our traditional Irish rain after all these days of lovely sunshine», scherzte er, als er sich zu ihnen auf den Balkon gesellte.

Sein Handy klingelte. «So you heard the news. Terrible, isn't it», sagte er. «Well, Lensing won't be doing any location scouting for a long time, that's for sure. Look, we'll talk about it next week. You're coming to the bank on Tuesday at 12.00, aren't you?»

«George O'Hanlon», sagte er, als das Gespräch zu Ende war.

«Der hat jetzt bestimmt Angst um seinen Film. Aber er hatte nichts damit zu tun, oder?», fragte Alexander.

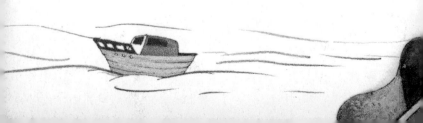

«No, the police say that Lensing and the woman were working alone. And it wasn't for first time.»

Der Teekessel pfiff. Paul ging in die Küche, um den Tee aufzugießen. Henrietta ging ins Wohnzimmer zurück und ließ sich in den gemütlichen Fernsehsessel fallen. So viel war heute passiert – in ihrem Kopf schwirrte alles durcheinander. Anna Holzer, so hieß die Touristin, hatte nach ihrer Festnahme heftig abgestritten, dass sie Karl Lensing überhaupt kannte, hatte ihnen Inspector Flaherty erzählt. Und Lensing hatte so getan, als ob er sie noch nie vorher gesehen hätte; er wollte einfach bei Mother Hubbard's Truck Stop einen Kaffee trinken, hatte er behauptet. «Stupid excuse», hatte Flaherty gesagt, «he hadn't even ordered a coffee before he ran away.»

Die Polizei hatte dann ziemlich schnell herausgefunden, dass Lensings Handy am häufigsten von Holzers angerufen wurde und umgekehrt. Also kannten sie sich. Und die europäische Datenbank der Polizei spuckte relativ bald die Information aus, dass Holzer schon wegen Gemäldediebstahl vorbestraft war. Und Lensing hatte in Österreich kurz bei einer internationalen Versicherungsgesellschaft gearbeitet, wo er sicher auch wertvolle Informationen besorgt hatte.

«Location scout, that's a good one!», hatte Inspector Flaherty gesagt. «He looked for rich houses for films, took plenty of photos and gave the information to his accomplice, Anna Holzer.»

«His ‹Komplize›», hat Paul stolz für Henrietta und Alexander übersetzt, das Wort hatte er schließlich gerade zuvor gelernt.

So weit ist also alles klar, dachte Henrietta, nur wo die geraubten Bilder sind, weiß man noch nicht. Aber die würde man sicher auch noch finden. Ihr Blick fiel auf ein Buch, das auf dem Tischchen neben dem Sessel lag. Die Frau auf dem Titelblatt hielt so ein Teil in der Hand wie der Mann mit dem Rucksack, den sie von der Ruine aus gesehen hatten. «The Art of Confluence Hunting» hieß das Buch.

«Mama, was ist *confluence hunting*», fragte sie ihre Mutter, die mit Alexander vom Balkon ins Wohnzimmer gekommen war.

«Keine Ahnung», sagte die.

«Du bist aber Übersetzerin», beharrte Henrietta.

Susanne Becker seufzte. «Übersetzer übersetzen, sie sind nicht allwissend», antwortete sie und fragte dann Paul, der gerade mit einem Tablett mit Teetassen aus der Küche kam: «Love, what's ‹confluence hunting›?»

«Difficult to explain», sagte er und ging zu einer Weltkarte an der Wand, «you know, there are degrees of longitude and latitude», begann er und zeigte auf die schwarzen Striche, die die Welt von oben nach unten und quer unterteilten.

«Längen- und Breitengrade», übersetzte Susanne.

«And the point where longitude and latitude meet is called a degree confluence. And people look for ...»

Das Klingeln seines Handys unterbrach ihn. «Sorry», entschuldigte er sich und ging diesmal in die Küche, um das Gespräch anzunehmen.

«Das ist wahrscheinlich so ein Hobby wie Lokomotiven oder Flugzeuge fotografieren oder so», bemühte sich Susanne, die Erklärung fortzusetzen. «Die Leute laufen zu dem Punkt, wo Längen- und Breitengrad zusammenkommen, und machen Fotos. Oder so ähnlich. Fragt mich nicht, keine Ahnung, warum Leute so was machen. Wieso willst du das überhaupt wissen?»

Henrietta erzählte von dem Paar, das sie zwischendurch verdächtigt hatten. Das war noch so ein Zufall gewesen. Während ihre Mutter den Tee eingoss, bemerkte Henrietta: «So viele Zufälle! Wenn ihr die Schnitzeljagd mit den *nursery rhymes* nicht gemacht hättet, um uns zu beschäftigen, hätten wir uns bei dem Zettel in Leisureland überhaupt nichts gedacht.»

«Aber bei ‹AH› für Alexander und Henrietta und bei Mother Hubbard als *nursery rhyme* haben wir natürlich geglaubt, dass der für uns war», sagte Alexander, «Pech für die echte AH Anna Holzer. Aber warum haben die sich überhaupt Zettel geschrieben? Die hatten doch Handys!»

«Keine Ahnung», antwortete Henrietta, als sie von Paul unterbrochen wurde, der aus der Küche zurückkam: «That was Flaherty. They've found the pictures. In Holzer's handbag was a receipt from the left luggage in Dublin airport.» Er sah, dass ihn Henrietta und Alexander fragend ansahen. «Susi, left luggage?»

«Sie hat am Dubliner Flughafen etwas bei der Gepäckaufbewahrung abgegeben», half sie aus.

«She drove from Enniscrone to Dublin last night after she left the pub – before the road-blocks were set up – and checked a bag into left luggage with the pictures in it. She took the receipt to Mother Hubbard's to give to Lensing. She wanted to fly to Vienna tomorrow and Lensing was to pick the bag up in a week or so when the coast was clear.» Erwartungsvoll sah er Henrietta und Alexander an: «Habt ihr verstehen?»

«Klar», sagte Henrietta stolz. «Nach der Kneipe ist sie gestern noch nach Dublin gefahren und hat die Bilder bei der Gepäckaufbewahrung aufgegeben und dann ...»

«Dann irgendwas mit Lensing in Mother Hubbard's», ergänzte Alexander. «Aber dann ...»

«Dann wollte sie mit Lensing zur Küste fliegen, aber zu welcher ...», probierte es Henrietta weiter.

«Nicht schlecht», lachte Susanne, «ihr habt in der Woche hier ja echt was gelernt. Aber *the coast is clear* heißt einfach ‹die Luft ist rein›. Also wollte sie Lensing den Aufbewahrungsschein geben, der sollte warten, bis die Luft rein war und die Bilder dann abholen. Und sie wollte morgen nach Wien fliegen», vervollständigte sie das, was Henrietta und Alexander schon verstanden hatten.

Jetzt meldete sich Alexanders Handy. Eine SMS von Justin und Clare. Sie war außergewöhnlich lang:

```
Midnight news.
Zettel was lensing's
But was dropped in LL by scott.
Met him this evening, said sorry he wasn't at chipper.
Had to go to galway 2day.
We gave him update = everything solved except zettel
with drawing of LL and message to ah
Then he remembered: lensing on phone, made notes,
then explained to scott where leisureland was.
Must have taken note by mistake to draw map on.
Scott lost it when he was in LL
```

Die vier brachen in lautes Gelächter aus, als sie verstanden hatten, wie der Zettel ins Leisureland gekommen war. Holzer und Lensing hatten sich also keine Zettel geschrieben, sondern Holzer hatte Lensing angerufen, und der hatte sich dabei Notizen gemacht.

«Ganz schön blöd, dann die Rückseite von diesem Zettel für die Lageskizze zu verwenden», wunderte sich Henrietta.

«Very stupid», sagte Paul, «but now we have an answer for every question.»

Susanne sah auf ihre Uhr. «Es ist schon wieder nach Mitternacht. Nicht dass das hier zur Gewohnheit wird. Ab ins Bett.»

«Eine Frage bleibt doch noch offen», sagte Henrietta.

Die anderen sahen sie neugierig an. «Which one?», wollte Paul wissen.

«Ob du auch wirklich *scones* backen kannst», lachte sie.

«Just you wait», sagte er. «Tomorrow morning for breakfast you'll have delicious scones. With raisins and without. Also morgen wird Scones gefruhstucken.»

Als er sah, wie Henrietta die Augenbrauen hochzog, verbesserte er sich: «Fruhgestucken. Äh, fruhgestuckt, äh, frühgestückt, äh, ...»

«Da bin ich aber wirklich gespannt», sagten Susanne und Henrietta fast gleichzeitig.

Emer O'Sullivan

*1957, aufgewachsen in Dublin, hat dort und in Berlin Anglistik und Germanistik studiert. Zwischen 1985 und 2003 als Wissenschaftlerin an der Freien Universität Berlin, an der Johann Wolfgang von Goethe-Universität Frankfurt a. M. und an der Universität Essen tätig. Seither Professorin für Englische Lteraturwissenschaft an der Universität Lüneburg.

Dietmar Rösler

*1951, aufgewachsen in Emden, Studium in Berlin. Zwischen 1977 und 1996 Arbeit in den Fachbereichen Germanistik des University College Dublin, der Freien Universität Berlin und des King's College London. Seither Professor für Deutsch als Fremdsprache an der Universität Gießen.

Bei rotfuchs gibt es außerdem:
«I like you – und du?» (Band 20323),
«It could be worse – oder?» (Band 20374),
«Mensch, be careful!» (Band 20417),
«Butler & Graf» (Band 20480),
«Butler, Graf & Friends: Nur ein Spiel?»(Band 20531)
und «Butler, Graf & Friends: Umwege» (Band 20647)